AF187828

Die Hundeforscherin

Erinnerungen an Biko & eine wundervolle Freundschaft

Ein Buch zu Ehren unserer Freundschaft

Für Freunde und Anhänger der Hundeforscherin Katrin Scholz

Herstellung und Verlag:

BoD – Books on Demand, Norderstedt

ISBN 978-3-7448-1479-9

Anais C. Miller

Platzhalter für persönliche Widmungen

Zu dem Bild fällt mir folgendes ein! "Essen ist fertig!" Wer von Euch Lesern um das Baujahr 80` rum ist, erinnert sich vielleicht an die TV Serie "Ein Heim für Tiere". Ich finde, dieses Bild von Katrins Hunden hat mit der Serie, die ich als Kind unheimlich geliebt habe, vieles gemeinsam. Zu der Zeit wuchsen Katrin und ich zusammen auf und es war der Anfang einer wundervollen Freundschaft. Ein Buch für meine Freundin Katrin... Die Idee fiel spontan. Nachdem Katrin bei meiner Aktion in dem Buch "Nebelmond" mitgemacht hatte, in dem sie über den Verlust ihres Hundes Bikos erzählte und ich das fertige Exemplar auf ihrer Facebookseite gepostet hatte, schrieben ganz viele ihrer Anhänger, dass sie auch gern das Buch lesen möchten. Deshalb entschied ich mich, zu Ehren Katrins und ihren Freunden ein kleines Buch zu basteln. Ein Buch, in dem es vorwiegend um Hunde geht. Mein Buch Nebelmond handelt vorwiegend von Pferden und so dachte ich mir, Katrins Freunde fänden an einem Buch über Hunde wahrscheinlich mehr Gefallen. Keine Biografie also über Katrin und kein Buch über Hundeausbildung, sondern ein Buch über unsere Freundschaft und ein Buch zu Ehren ihres verstorbenen Hundes Biko. Katrin ist Hundeforscherin. Hundetrainerin und Ausbilderin. Sie besitzt eine eigene Hundeschule und beherbergt zuhause 27 Hunde. Sie lebt mit ihren Vierbeinern und sie arbeitet mit den Hunden, um ihren Lebensunterhalt zu verdienen. Ein Privatleben besitzt sie eigentlich nicht. Wenn wir beide telefonieren möchten, müssen wir das in der Nacht erledigen. Ich habe mich mittlerweile an die Lebensumstände meiner ehemals besten Freundin gewöhnt und ich freue mich einfach, wenn wir Zeit finden, diese miteinander zu verbringen und sei es, indem wir 3-4 Stunden miteinander quatschen in der Nacht. An unsere Kindheit erinnere ich mich gern. Katrin spielte in meinem Leben immer eine große Rolle. Wir waren bedingt durch unsere Tierliebe fest miteinander verbunden und haben viel Zeit zusammen verbracht. Ich glaube von mir sagen zu dürfen, ich kenne die Persönlichkeit von Katrin Scholz sehr gut. Einen kleinen Teil meines Wissens um die Person Katrins gebe ich in diesem Buch von mir Preis und bitte möge Katrin es mir an der einen oder anderen Stelle verzeihen...wenn sicherlich hier oder dort geschmunzelt wird. Katrin, ich habe Dich einfach gern, bitte bleib wie Du bist! Dieses Buch ist eine Erinnerung an unsere Kindheit, ein Andenken an deinen Seelenhund Biko und eine Wertschätzung deiner Person meinerseits. Auf ewige Freundschaft!

**Die Hundeforscherin**

*Buchstabiere Treue:*

*Hund!*

*Hundeforscherin Katrin Scholz (Mütze)*

*Und*

*Bikos Welt*

*Anais C. Miller*

Katrin und ich waren einst beste Freunde in unserer Kindheit. Lange ist es her. Aber die Erinnerungen bleiben unvergessen. Als Kinder hatten wir Träume… unheimlich viele! Wir waren beide tierbegeistert und besaßen jeder ein eigenes Pferd. Ans Meer wollten wir reiten. Von unserem zuhause aus. Mit Rucksack, Zelt und all dem Notwendigen, was wir so gebraucht hätten. Gebraucht hätten, um glücklich zu sein.

Eine tolle Idee. Leider ist nie etwas daraus geworden. Katrin hatte nebenbei noch andere Träume, als „nur" ans Meer zu reiten! Sie wollte ein Leben zusammen mit vielen Hunden führen. Ihren Lebensunterhalt wollte sie mit den Hunden bestreiten. Damals wurde sie belächelt, heute gibt ihr der Erfolg Recht. Aus ihrem Traum wurde ihr Beruf und somit eine Passion mit Herz.

## Hundeforscherin Katrin Scholz. Die etwas andere Geschichte...

Katrin und ihr Seelenhund „Biko"

Liebe Leser,

ein Leben mit 27 Hunden! Tag und Nacht! Unvorstellbar! Ich glaube, man muss verrückt sein oder einen an der Mütze haben! Mütze! Katrin Scholz, gerufen von allen, die sie lieben und kennen kurz und bündig: „Mütze". Mit diesem Buch erzähle ich Euch ein wenig aus dem Leben der Hundeforscherin Katrin Scholz. Das Buch ist eine Überraschung für Katrin. Katrin hat ja nie Zeit. Mit ihr zusammen ein Buch zu gestalten und ihre Biografie gemeinsam zu schreiben, das schaffen wir vielleicht im nächsten Leben. In diesem wahrscheinlich eher nicht mehr. Dabei würde ich es gern für sie tun, keine Frage. Katrin ist als Mensch und in ihrer Arbeit, die sie ausübt, unheimlich wertvoll und man muss über sie und ihre Hunde einfach berichten und einige Zeilen über ihre Arbeit schreiben. Die meisten Menschen, die einen Hund besitzen, kennen Katrin. Ich gewähre Euch einen kleinen Einblick in das Leben von Katrin Scholz und ihrem tierischen Anhang. Man könnte sagen, Katrin Scholz hinter den Kulissen! Katrin Scholz als Mensch. Vielleicht bist auch „Du" bereits einmal persönlich mit Katrin in Kontakt getreten, hast eines ihrer Seminare besucht oder an einem der Lehrgänge mit deinem Hund teilgenommen. Vielleicht bist Du sogar ein Mitglied ihrer Hundeschule. Es gibt viele Möglichkeiten, Katrin zu begegnen, sofern Du Besitzer eines Hundes bist. Dieses Buch ist kein Lehrbuch! Nein! Also, wer hier Erziehungstipps für seinen Hund erwartet, den muss ich enttäuschen. Von Hunden habe ich selber nicht die größte Ahnung. Ich habe sie ja auch nicht erforscht, die Welt der Hunde, so wie meine Freundin Katrin. Was ist dieses Buch dann? Mit diesem Buch möchte ich Euch private Einblicke „zeigen" und Katrin eine Freude machen. Einblicke in Situationen unserer Freundschaft, an die ich mich gern erinnere. Katrin und ich wir waren eigentlich unzertrennlich. Allein durch unsere Liebe zu Tieren, besonders zu Pferden, waren wir als Kinder fest miteinander verbunden.

Ebenso möchte ich Euch die Aufgaben ein wenig näherbringen, die Katrin als Hundeforscherin und „Hunderudelführerin" zu erledigen hat. Ebenso gebe ich kleine Einblicke in ihre tägliche Arbeit. Erinnerungen möchte ich Katrin persönlich mit diesem Buch schenken, insbesondere an ihren verstorbenen Seelenhund „Biko". Biko war der Leithund ihrer Hundemeute. Einige Einblicke zeige ich Euch aber auch in das persönliche Leben von Katrin. Katrin bekommt an dieser Stelle sicherlich einen Schock. J Keine Sorge, Katrin! Natürlich keine Einzelheiten über Katrins Privatleben, das geht niemanden etwas an, obwohl, wer Katrin kennt, der weiß, dass Katrin ein Mensch ist, der für ein Privatleben gar keine Zeit hat. Deshalb könnte man von einem Privatleben nicht sprechen. Darunter leidet auch unsere Freundschaft sehr und das ist schade. Wenn wir beide telefonieren, dann müssen wir das oftmals mitten in der Nacht erledigen, weil tagsüber keine Zeit zu finden ist. Katrin führt ein ziemlich stressiges Leben. Wenig Urlaub, viel Arbeit… und Geld-, naja, sie kann sicherlich von ihrem Kindheitstraum, den sie realisiert hat, mit Hunden zu leben, leben, aber was passiert, wenn sie krank wird? Wir telefonierten zuletzt vor wenigen Tagen und sie erzählte mir, dass sie tatsächlich sehr krank gewesen wäre. Nichts ging mehr bei ihr. Alles lag flach. Sie selbst und ihr Betrieb. Auf meine Frage hin, ob sie keine Vertretung hätte, verneinte sie das ziemlich rigoros. Sie sprach von Helfern, aber aus ihrem Rumgedruckse entnahm ich, dass sie sich wohl am liebsten selbst um ihre Hundemeute kümmert. Das bedeutet also, Hundeforscherin Katrin Scholz ist ein Ein-Mann-Betrieb. Gestaunt habe ich, als ich sie fragte, wie viele Hunde sie derzeit „beherberge"… Ihre Antwort: „ 27!" 27 Hunde! Stellt Euch das mal vor… Ihr wohnt, lebt und verbringt Euer komplettes Leben täglich mit 27 Hunden! Also, ich wäre mit 2 Hunden schon komplett überfordert. Ich selbst besitze einen Hund. Einen kleinen Jacky Terrier "Emma". Zu meinem Glück ist dieser gut erzogen und macht mir wenig Ärger. „Emma" schläft den größten Teil des Tages.

Sie ist mittlerweile in Menschenjahren gerechnet fast 84 Jahre alt und naja, eben nicht mehr so agil, wie vor einigen Jahren. Jedenfalls habe ich mir geschworen, wenn Emma mal nicht mehr sein sollte, dann schaffe ich mir keinen neuen Hund an. Einfach aus dem Grund, weil ich ständig gebunden bin. An mein Tier. Ich möchte ja auch mal in den Urlaub fahren. Wohin dann mit dem Hund? Mitnehmen, ja okay, aber meine Freizeit ständig nach meinem Hund ausrichten zu müssen, das finde ich ziemlich anstrengend. Wie sollte es da mit 2-3 Hunden aussehen? Nun gut, ich bin alleinerziehende Mutter. Hätte ich ein männliches Wesen an meiner Seite, der mir ein wenig Arbeit abnehmen würde und sich auch mal um meinen Hund kümmern könnte, wäre die Sachlage vielleicht eine andere. Aber mit 27 Hunden?...Allein mit 27 Hunden?? Oh mein Gott, wie verrückt muss man sein? Aber Katrin fährt mit 27 Hunden los. Auch in den Urlaub wahrscheinlich. Ich habe ein Foto gesehen, das zeigte einen riesigen Hundeanhänger. Dort fahren all ihre Hunde mit. Hinter dem Auto. Verrückt, oder? Als Katrin ein kleines Mädchen war...Mochte sie Hunde besonders gern und ja sie war auch als Kind bereits verrückt. Eine witzige und plumpe Aussage eigentlich, hinter der unheimlich viele Träume und Wünsche eines damals kleinen Mädchens steckten. Katrin wollte, wenn sie groß wäre, ihr Geld mit Hunden verdienen. Davon war sie als Dreikäsehoch bereits überzeugt. Ihr Foto, im zarten Alter von 4 Jahren mit ihrem Pflegehund, das ist doch wirklich Zucker oder? Ich lege es hier noch einmal bei, weil das eine wunderbare Erinnerung ist. Katrin, ich liebe dieses Foto! Dieses Foto, auf dem zu sehen ist, wie eigentlich alles eines Tages einmal angefangen hatte...

Ich erinnere mich, dass Katrin mit 15 oder 16 Jahren
schließlich ihren ersten eigenen Hund kaufte. Wahrscheinlich
sogar gegen den Willen ihrer Eltern, denn Katrin mietete einen
alten Hundeverschlag an, in dem sie ihren Hund unterbringen
und ihn versorgen wollte. Ihre Eltern hatten einen Hund in der
Wohnung zunächst nicht erlaubt. Schon damals sprach Katrin
davon, dass sie Hunde ausbilden wollte. Diese komische
Situation habe ich genau vor Augen. In dem alten Verschlag
wäre damals sogar Platz für 2-3 weitere Hunde gewesen und
Katrin erzählte mir voller Freude, dass sie sich vielleicht noch
einen weiteren Hund anschaffen würde, damit der eine nicht
so alleine sein müsste. Irgendwie aber mussten ihre Eltern
dann wohl doch eingelenkt haben und sie bewilligten Katrin

einen Hund in ihrer Wohnung. Katrins erster eigener Hund, den ich kannte, hieß „Tagor". Das war ein Hovawart. Katrin pflegte als Teenager nicht nur ihre Leidenschaft für Hunde, sondern auch für Pferde. Tagor fand leider recht schnell sein bitteres Ende durch den Tritt eines Pferdes und musste eingeschläfert werden. An dieser Stelle begann damals vielleicht Katrins Weg... Der Weg in das Leben einer „Hundeforscherin". Die Frage, wie kann ich meinen Hund erziehen, dass er mir aufs Wort folgt und mir dabei vertraut. Wenn Pferde ausschlagen, kann das für Hunde tödlich enden. Hunde sind mit Jagdinstinkten ausgestattet, was also muss der Hundeführer tun, um den Instinkt zu bremsen? Was genau bedeutet eigentlich Hundeforscher-in? Mit dieser Frage musste ich mich beschäftigen, bevor ich das Buch für Katrin schrieb. Also ich glaube, ein Forscher forscht eben einfach. So habe ich das persönlich in der Schule gelernt. Wie will man allerdings an Hunden forschen, wenn man nicht mit ihnen zusammen lebt? Man muss sich als Mensch zwischen ihnen integrieren. In ein Rudel von Hunden am besten. Vielleicht muss man den Hund nicht unbedingt mit auf die Toilette nehmen, aber doch sollte man den größten Teil seiner freien Zeit mit ihm zusammen verbringen, um sein Verhalten eben zu erforschen. Katrin forscht also jeden Tag an ihren Hunden, weil sie die größte Zeit ihres Tages und auch die ihres Lebens mit den Hunden verbringt. Ich muss Euch da allerdings mal eine Geschichte erzählen... Eine kuriose. Einen Menschen wie Katrin hat es bereits gegeben. Ganz bei uns in der Nähe. Eine Dame, die sich auch besonders viele Hunde hielt. Sie handelte sogar mit Hunden, besonders gern mit Welpen, weil sich in ihrem Rudel irgendwann die Hunde wahllos vermehrten. Ihre Anlage befand sich auf einem meiner Reitwege. Ein großer Zaun trennte das Gelände ab und hinter diesem tummelten sich die Hunde. Zähnefletschend hingen sie an dem Maschendraht. Ich hoffte inständig, dass der Zaun halten und mich die Hunde nicht zerfleischen würden, wenn sie eines Tages ausbrechen sollten. Die Hunde dieser Dame waren größtenteils alle krank und ungepflegt. Der Ruf dieser Frau war eher schlecht und die Leute kauften die Hunde dort meistens aus purem Mitleid. Die Art der Haltung dieser besagten Dame war sehr umstritten. Einige der Leute sagten, man könne niemals mehrere Hunde zusammen halten. Zerfleischen würden sich die Tiere. Wiederum andere fanden die Idee gar nicht schlecht. Vor allem hinsichtlich der Tatsache, dass die Hunde vermittelt werden sollten. „Die Hunde sind wenigstens sozial gut erzogen und vertragen sich schon mal mit anderen Hunden!", hieß es. Also Freunde, ich habe nicht viel Ahnung von Hunden. Ich möchte meine Meinung auch nicht äußern, ob solch eine Haltung im Rudel für einen Hund nun gut oder schlecht ist. Artgerecht mag es wohl sein im ersten Moment. Die Hundehaltung dieser Dame war jedenfalls sehr fragwürdig und sie füllte oftmals einige Seiten in den Zeitungen. Meistens mit Negativkritik. Katrin kannte diese Dame natürlich auch. Katrin wohnte quasi in der Nachbarschaft. Aber Katrin war der Ansicht, dass es eigentlich okay wäre, die Hunde zusammen im Freilauf zu halten, wenn man die Hunde aussuchen würde, die charakterlich zusammen agieren und zueinander passen würden. Man dürfe die Hunde natürlich nicht wahllos zusammenschmeißen und sich selbst überlassen. Ganz wichtig wäre es, dass es ein Leittier gäbe, dem die anderen Tiere vertrauen und dem sie sich anschließen könnten. Bedingt durch den Umstand, dass die Hunde auf dem Arsenal ständig wechselten, weil sie irgendwann auch unlängst vermittelt wurden, herrschte dort keine Rangordnung, sondern es kam zu Kämpfen. Zu erbitterten Machtkämpfen. Es war ein einziges Durcheinander und niemals kehrte Ruhe in dem Rudel ein. Die Hunde versuchten, die Rangordnung klarzustellen und das bedeutete Stress für die Tiere. Aggressives Verhalten zog sich durch die Reihe derer Hunde, die eigentlich auf der Suche nach einem neuen Besitzer waren und vermittelt werden sollten. Natürlich erzeugt ein Stressverhalten beim Hund auch unerwünschte Nebenwirkung auf uns Menschen. Wenn wir Pech haben, werden wir gebissen. Also in dieser Art von Hundehaltung herrschte jedenfalls das totale Chaos. Menschen, die die Hintergründe nicht näher kannten und sich bei besagter Dame auf den Weg machten, um einem der Hunde ein zuhause zu schenken, fielen erbärmlich auf die Nase. Sie bekamen größtenteils einen unerzogenen, nicht sozialisierten und gefährlichen Hund. Natürlich hieß es von Seiten der Verkäuferin: „ Der Hund sei bestens in eine Familie zu integrieren! Er sei ja bereits in einem Rudel herangewachsen und somit sozialisiert und artgerecht gehalten. Hunde sozialisieren sich gegenseitig!" Woher ich das weiß, dass diese banalen Worte gefallen sind? Nun ja, ich kaufte selbst einen Hund bei besagter Hundehändlerin und flog ebenso auf die Fresse. Der Hund war krank und verhaltensgestört. Finanziell musste ich ein Vermögen aufbringen, um dem Hund das Leben zu schenken. Hunde sozialisieren sich gegenseitig… Welch ein Wortlaut. Bestimmt tun sie das, die Hunde. Aber sie brauchen einen Chef! Einen Chef, der ganz klare Regeln vorgibt und einen Chef, der gerecht und loyal ist! Einen Chef, der tadelt, einen Chef der lobt und einen Chef, der absolut für Ordnung sorgt in seinem Rudel und das auf eine faire Art und Weise, dass sich in der Hierarchie niemand benachteiligt fühlt. Denn nur dann kommt Ausgeglichenheit und Ruhe in das Rudel. Das ist bei Pferden nichts anderes. Im Gegensatz zu Katrin, die mit Hunden lebt, lebe ich mit Pferden zusammen. Bin ich Pferdeforscherin? Ja, in gewisser Art und Weise schon. Aber ich verdiene damit kein Geld. Ich habe bestimmt einiges an Fachwissen, das ich gut weitergeben könnte. Aber das ist nicht meine Passion. Ich erforsche somit meine eigenen Pferde lediglich für den Eigengebrauch und das reicht mir. Ich möchte auf meiner Koppel, wenn die Pferde zusammen weiden, dass dort Frieden unter den Tieren herrscht und sie sich nicht die Köpfe einschlagen. Um zu erfahren, welches Pferd sich mit welchem verträgt, muss ich sie genau beobachten und von ihrem Verhalten lernen. Während Katrin ganz offensiv mit ihren Erfahrungen nach draußen an die

Öffentlichkeit geht. Mit ihrem Wissen über die Haltung und Erziehung von Hunden, kann sie Hundebesitzern wertvolle Tipps geben. Nicht nur das, sie hat auch einige Kniffe auf Lager. Sie zeigte mir einmal, was man machen müsse, damit der Hund fremde Menschen nicht mehr anspringt. Das ist sehr lästig, wenn mein Hund zur Begrüßung wahllos an Menschen hochspringt und diese gute Kleidung tragen. Dennoch dürfen wir bei Katrins Forschungen eines nicht außer Acht lassen! Katrin drängt sich niemandem auf. Sie geht nicht her und sagt, na nun, schaut mal, so und so ist das mit den Hunden und so und so solltet ihr das machen, weil der Hund dann dieses Verhalten an den Tag legt! Nein! Katrin ist kein Mensch, der andere Menschen belehrt. Das kann ich guten Gewissens über sie sagen, denn ich kenne sie verdammt gut. Ich habe meine halbe Kindheit mit ihr verbracht. Katrin ist ein Mensch, der andere Menschen teilhaben lässt. Als Hundeforscherin und Seminargeberin lässt sie Euch Hundefreunde an ihrer Erfahrung und ihrem Wissen teilhaben. Das und genau das und nichts anderes, macht ihren Erfolg aus! Dazu ihre liebevolle Art, mit den Tieren umzugehen. Souverän aber fair und freundlich gegenüber dem Tier. Das macht sie zusätzlich als Mensch sympathisch. Sie ist keiner dieser Trainer, die hergehen und sagen, hey, was du machst ist falsch und jetzt machst du das mal so, wie ich es dir sage. Nein, sie sagt, hey, ich habe die Erfahrung gemacht, wenn ich das so und so handhabe, dann klappt das viel besser und vielleicht versuchst du es mal auf diese Art mit deinem Hund. Wenn es nicht erfolgsversprechend ist, einen Versuch war es alle Male wert. Katrin ist mit großem Fachwissen ausgezeichnet. Dennoch fühlt man sich bei ihr willkommen und verstanden. Sie ist ein herzlicher Mensch. Das war das, was unsere Kindheit für mich ausgemacht hat. Mit ihr konnte ich den größten Blödsinn machen, aber wenn mir nach Heulen zumute war, dann hatte Katrin ein offenes Ohr für mich. Immer. Tag und Nacht. Ich vermisse das. Heute ist niemand mehr in meinem Leben, den ich mal eben mitten in der Nacht anrufen kann und sage, hey, mir geht's gerade nicht gut, hast du mal Zeit? Katrin hatte auch immer Lösungen für Probleme. Dazu nahm sie das Leben leicht, auch wenn um sie herum alles einzustürzen drohte. Durch Chaos war sie nicht aufzuhalten. Kein Berg war Katrin zu hoch. Selbst mit den Pferden ritten wir nicht auf ausgelegten Wegen, sondern querfeldein als Kinder. Die höchsten Abhänge ging es hinaus. Alles musste ausgekundschaftet werden. Katrin wollte immer Neues entdecken. Ihr Hunger nach Wissen war nicht zu bremsen. Flog sie mal auf die Fresse... Aufstehen, Krone richten, weitermachen! Auf einem Turnier überschlug sie sich mit meinem Pferd bei der Vorbereitung für die Prüfung. Sie klopfte sich den Sand von den Reitklamotten, schüttelte sich einmal und stieg wieder in den Sattel. Sie placierte sich wenige Minuten später in der Prüfung. Katrins Nerven sind dicker als Drahtseile. Heute, in Katrins Aufgabenfeld als Hundetrainerin, fühlt man sich bei ihr einfach willkommen. Diese unbeschwerte Art hat sie aus ihrer Kindheit behalten. Man hat das Gefühl, selbst wenn die Welt gleich untergeht, Katrin wird sicherlich irgendeine Idee haben, wie sich das Drama aufhalten lässt. In Katrins Nähe fühlt man sich auch freundschaftlich, auf Augenhöhe willkommen. Nicht wie bei manchen Trainern, wo ich das Gefühl habe, ich bin minderwertig, weil ich meinen Hund nicht im Griff habe. In Katrins Gegenwart muss man sich einfach wohlfühlen. Man hat nicht das Gefühl, man ist ein nichtwissender Hundepapi oder eine nichtsahnende Hundemami. Nein! Das macht Katrin besonders beliebt bei ihren Anhängern glaube ich und man schließt sie gleich in sein Herz. Ich muss ganz ehrlich sagen, wenn ich mich an meine Pferdetrainer aus meinem Reiterleben erinnere, ich könnte heute noch kotzen. Diese Besserwisser und ewigen Nörgler. Wir hatten einen Reitlehrer, der schrie so laut durch die Reithalle, dass man ihn im Nachbarort noch hören konnte. Katrin hatte auch mal bei ihm Reitunterricht. Sie war meiner Meinung, das war ein No Go mit dem Typen. Bei einem Mensch, der nur rumbrüllt, da kann und will man nichts lernen. Ja, bei solch einem Menschen, Tschuldigung, aber da möchte man doch auch nichts lernen, oder? Ich habe als Kind geheult. Vor Wut und auch vor Angst. Meine Eltern bezahlten viel Geld, dafür dass er mich in die Kunst des Reitens einführen sollte. Ich lernte nicht nur das Reiten, ich bekam auch Angst. Angst vor meinem Trainer. Angst vor dem Versagen. Angst, nicht gut zu sein. Also ich habe mir in meinem Leben folgendes sehr gut eingeprägt: Wenn ich viel Erfahrung habe und diese anderen Menschen mitteilen möchte, kann ich damit gutes Geld verdienen. Ich muss nur laut genug rumschreien und die Menschen einschüchtern. Ironie aus. Ironie an: Selbst wenn ich rumschreie und respektlos mit meinen Kunden verfahre, bedeutet das noch nicht, dass ich den Bach runtergehe. Die Menschen einschüchtern. Schüchtere mal (d) einen Hund ein, er wird dich irgendwann beißen, ganz klare Kiste! Weil, wir sind ja beinahe beim Militär, wir müssen erzogen werden, wenn wir etwas lernen wollen. So ist das in der Hundeschule doch auch, oder? Ich muss an der Stelle schmunzeln. Ich war selbst in solch einer Hundeschule. Aber nur als Gast. Einer meiner Lebensgefährten besaß einen Schäferhund und er besuchte 3-mal die Woche besagte Hundeschule. Da ging aber die Post ab… Halleluja…Da wurden nicht nur die Hunde angeschrien, sondern auch die Hundehalter. Ich dachte bei mir so, scheiße, das ist aber ein ganz mieser Sport. Beinahe schlimmer als die Reiterei. Der Hundetrainer brüllte eine Hundehalterin dermaßen an, dass mir als Zuschauer Hören und Sehen verging. Die Hunde wurden meiner Meinung nach auch nicht wirklich gut behandelt. Da gab es Stachelhalsbänder, Elektroschocks am Halsband und Erziehungsmaßnahmen, wo ich mir dachte, Junge, Junge, also wenn ich mit meinen Pferden so umgehen würde, dann würden die aus Angst und Furcht parieren, aber niemals würde ich sie zur Mitarbeit animieren können in der Art, dass sie mir freiwillig und gern folgten! Man möchte doch ein gutes Gefühl haben, wenn man mit seinem Tier arbeitet oder etwa nicht? Da gab es Hunde, bei denen wurde der Strom ausgelöst und die Hunde waren für ein paar Stunden nicht mehr gesehen. Die hatten sich knallhart aus purer Angst verpisst. Was waren das denn bitteschön für Erziehungsmaßnahmen? Katrin besuchte damals vor vielen Jahren natürlich auch diverse Hundeschulen und ließ ihre Hunde ausbilden. Irgendwann allerdings blieb sie diesen Veranstaltungen fern. Dabei war sie recht erfolgreich im Hundesport unterwegs. Mehrere Auszeichnungen gingen an ihre Adresse. Ich bewunderte sie. So viele Auszeichnungen in diversen Zeitschriften auch. Natürlich fragte ich sie, warum sie aus dem Hundeverein schließlich ausgetreten war, der bei mir in der Nachbarschaft lag. So konnten wir uns nun so gut wie gar nicht mehr treffen... Leider! Als Antwort bekam ich damals, weil sie mit den Methoden, in denen dort gearbeitet wurde, nicht mehr einverstanden war. Außerdem gefiele es ihr nicht, wie sehr die Hunde unter Verschleiß litten. Damit meinte sie nichts anderes als die körperlichen Gebrechen, die die Hunde davontrugen. Schäferhunde haben oftmals Probleme mit ihren Hüften und durch das Springen über Hindernisse werden Hüfterkrankungen beim Hund natürlich gefördert. Das ist selbst mir als Laie bekannt. Katrin sagte mir damals klipp und klar, ihre Hunde seien ihr einfach zu wertvoll, dass sie diese durch den Sport kaputtmachen lassen wollte und sie hätte alles erreicht, was es zu erreichen gab in diesem Sport. Es sei an der Zeit, die Fronten zu wechseln. Ja, so ist Katrin. Wenn sie etwas erreicht hat, dann wird das schnell langweilig. Sie ist immer auf Entdeckungsreise. Immer auf der Suche nach dem "Weiter" "Höher". Neue Ziele setzen, neue Wege gehen, das ist ihre Passion. Sie stellte ihre Hunde dann schließlich für diverse TV Sendungen zur Verfügung als Protagonisten für Actionserien, wie Alarm für Cobra 11 usw. Katrin möchte stets Neues erleben und Dinge realisieren in ihrem Leben, von denen sie in der Kindheit bereits geträumt hat. Das zeichnet einen Forscher natürlich ganz besonders aus. Dieses „Entdecken wollen". Wege entdecken, die Dinge anders zu machen, als andere Menschen. Dazu brauchst du als

Mensch aber auch einen Haufen Energie. Energie, die dich antreibt. Davon hat Katrin mehr als genug. Ich frage mich immer, wo nimmt dieser eigentlich kleine Mensch so viel Energie her? Klein, weil Katrin immer kleiner war als ich. Von der Größe her. Sie war der Zappelzwerg in meinen Augen, während unserer Schulzeit. Ruhe und Gelassenheit waren für Katrin Fremdwörter. Selbst im Schulunterricht konnte sie nicht stillsitzen. So vollbrachte sie sogar das Kunststück, während sie vom Lehrer nach vorn an die Tafel gerufen wurde, sich ein Loch in ihren Kopf zu schlagen, als sie das Stück Kreide aufheben wollte und dabei mit dem Kopf an die Ecke der Tafel stieß. Erschrocken griff sie sich an den Hinterkopf und sagte: „ Ich blute!" Der Lehrer, der wenige Meter hinter ihr gestanden hatte, sagte sogar noch: „ Katrin", halt den Mund!" Katrin hatte halt immer was zu quaken im Schulunterricht, dafür war sie bekannt und die Lehrer in ihrer Gegenwart waren meistens ziemlich gereizt und genervt. Katrin konnte damals schon so manchen Erwachsenen belehren und die Dinge anders darstellen, als man es gewohnt war. Mit ihrer vorwitzigen Art stand sie stets im Mittelpunkt. An Ideen mangelte es ihr ebenfalls nicht. Als Kinder ärgerten wir unsere Lehrer enorm. Unserem damaligen Sportlehrer versteckten wir nach Schulstundenschluss die Anziehsachen. Aus Spaß. Der arme Kerl verbrachte den halben Nachmittag damit, seine Schuhe im Sportgebäude zu suchen, während Katrin und ich uns kichernd auf dem Schülerklo eingeschlossen hatten und uns wunderten, warum das Stunden dauerte, bis der Lehrer wieder erschien, um ebenfalls nach Hause zu gehen. Im Physikunterricht demonstrierte sie unserem Lehrer sehr gern an verschiedenen Experimenten, dass man die „Bombe" auch anders platzenlassen konnte! Mit Katrin wurde es nie langweilig. Katrin empfinde ich seit jeher als besonders lebendigen Menschen. Quirlig, quadratisch, praktisch, gut! Stets heiter und vergnügt, stolziert sie durch die Welt. Unerschütterlich! Als Kind war Katrin so etwas wie Alice im Wunderland. Pleiten, Pech und Pannen zogen sich ebenfalls durch ihren Lebenslauf. Aber immer vorne vorweg ihre Liebe zu den Tieren, der sie unaufhaltsam folgte. Reiten war übrigens auch eines von Katrins Hobbys, das sie mit Leidenschaft ausübte. Die Liebe zu Tieren... Ein schwieriger Begriff. Was bedeutet eigentlich genau Tierliebe? Es gibt auch falschverstandene Tierliebe. Also, übermäßiges Betüddeln gehört nicht zu Katrins Affinitäten.

Katrin ist konsequent, aber herzlich. War eines unserer Pferde krank, dann konnte sie mit dem Tier auch stundenlang im Kreis laufen, bis die Kolik wieder vergangen war. Auch mitten in der Nacht. Dafür stellte sie alles andere zurück. Wenn ihre Tiere krank waren, dann galt ihnen alle Aufmerksamkeit. Mit Lob war Katrin immer gut dabei und sie freute sich über jeden Fortschritt, den sie an einem Tier beobachten konnte. Wenn er auch noch so klein war!

Ich habe hier ein tolles Foto gefunden. So, ich finde, man muss nicht viel erklären. Eine resolute junge Reiterin, fest im Sattel, ausdrucksstark und willenskräftig wird die kleine Dame dem „Bock" gleich mal zeigen, wo es langgeht.

Das ist liebevoll gemeint an dieser Stelle aber es entspricht dem Sinn. Du musst einem Pferd und auch einem Hund in der Tat zeigen, wo es langgeht, denn sonst zeigen sie dir, wo der Hammer hängt. Ich glaube, Katrin ist auf dem Foto 6 oder 7 Jahre alt. Ihre Haltung, ihr Gesichtsausdruck und die ganze Körpersprache signalisieren eigentlich nur Eines, Katrin weiß, wie der Hase läuft! Katrin ist entschlossen. Katrin hat die Zügel und das Pferd fest im Griff. Katrin war nicht unbedingt die Sorte Reiterin, die ein wahnsinnig inniges Verhältnis zu ihrem Pferd hatte. So schätzte ich sie nicht ein. Das hieß nicht, dass sie ihr Tier nicht liebte, nein. Die Liebe zum Tier war da. Aber die Passion, ihre Art, mit der sie ihr Hobby ausübte, war nichts anderes als Disziplin und Perfektion. Das wurde ihr mit in die Wiege gelegt. Diese Entschlossenheit. Der Wille, zu siegen, der Wille, gut zu sein, der Wille, eine Sache erstklassig zu machen. Tiergerecht zu sein, bedeutet doch nicht, dass du dein Tier mit Liebe erdrücken musst. Sondern eher, dass sich das Tier bei dir geborgen und sicher fühlt. Dass der Mensch die Führung übernimmt und das Tier sich gern unterordnet. Da müssen sich Liebe und Resolution die Waage halten. Ich finde, das ist gar nicht so einfach. Für sich selbst wollte Katrin sich das beweisen. Beweisen, dass sie eine Sache, die sie anging, für sich und ihren Ego zufriedenstellend beendete. Das Gefühl im Herzen, dass ich eine Sache gut mache und Anerkennung bekomme. Für mich selbst, nicht für andere. Katrin war es immer schon egal, was außenstehende Menschen über sie dachten, schon als sie Kind war. Ich denke, diese Gabe ist ihr bis heute geblieben. Während andere Menschen daran verzweifeln, was Menschen über sie denken, geht Katrin unbeirrt ihren Weg. Das ist eine Begabung und diese ist sensationell. Ich besitze sie nicht. Leider. Ich zerbreche oftmals an dem, was andere Menschen über mich sagen, oder wie sie über mich urteilen. Mit dieser Einstellung, seinen Weg zu gehen, unabhängig, was andere Menschen denken, lässt sich gutes Geld verdienen. Katrin weiß, wer sie ist und sie ist absolut überzeugt von dem, was sie macht. Wenn du ihr als

Mensch begegnest und daran teilhaben möchtest, an Katrins Arbeit und ihrem Wissen, so ist sie stets bereit, die Tür für dich zu öffnen und dir ihr Fachwissen entgegenzusteuern. Auch mitten in der Nacht, wenn es sein muss. Sie schreit dich bestimmt nicht an, wenn du nicht gleich etwas nicht verstehst. Katrin hatte mir in unserer Schulzeit Nachhilfe gegeben. Ich war von uns beiden die „Blödere". Eindeutig. Ich war auch ziemlich faul in der Schule. Während Katrin der Stoff regelrecht zufiel, musste ich schwer ackern. Katrin konnte die Nachmittage mit Reiten und Freizeit verbringen, während ich eigentlich hätte lernen müssen, damit ich in der Schule bessere Noten schrieb. Aber ich hatte keine Lust auf Lernen. Ich ging viel lieber mit Katrin zusammen Reiten. Jedenfalls, Katrin gab mir Nachhilfe und immer blieb sie ruhig und gelassen, wenn ich etwas nicht verstand. Ihre Art, sie verzauberte mich. Wie sie die Dinge bei- und mir nahebringen konnte. Ich mochte Katrin unheimlich gern. Während wir über den Büchern hingen und sie mir etliche Male den Stoff erklären musste, weil ich einfach zu lange schon in der Schule nicht mehr aufgepasst hatte, blieb sie freundlich und sprach in ruhigem Ton mit mir. Eigentlich hätte sie genauso gut losbrüllen können, warum ich verdammt noch mal nicht einfach mal aufpassen konnte im Unterricht. Stattdessen sagte sie, als ich auch nach dem x-ten Male die Rechenaufgabe nicht verstand: „Jeannine", was du bräuchtest, wäre ein Unfall! Ein Unfall, damit du an dem Tag befreit bist, an dem die Prüfung geschrieben wird und du genügend Zeit hast, den Stoff aufzuholen!" Ja, also das war eine gute Idee. Sprich, Katrin hat die wundervolle Begabung, immer eine Lösung zu finden, egal wie verzwickt die Lage auch ist. Ich hatte dann tatsächlich einen Unfall, aber das ist ein anderes Kapitel. So, also kommen wir zurück auf die resolute Art von Katrin und ihre Perfektion. Zu der Zeit, als Katrin die ganzen Fortbildungen gemacht hatte zur Hundetrainerin etc., war mein besagter Freund jedenfalls Besitzer eines Schäferhundes. Bei ihm, meinem Freund, handelte es sich um einen Neueinsteiger im

Hundesport. Schlechte Nerven, dazu Angst vor Hunden. Vor fremden Hunden zumindest. Gefährliche Mischung. Katrin hatte uns den Hund besorgt. Einen Familienhund mit Talent zum Sport. "Dora". Er, mein Freund also, hatte von Tuten und Blasen keine Ahnung. Katrin war natürlich Ansprechpartner Nr. 1 für ihn. Der Hund meines Freundes hatte damals das Problem, dass er ewig weglief. Fort von unserem Hof. Das war ein sehr lästiges Übel und eine dumme Angewohnheit. Wir hatten deshalb oft Ärger mit den Nachbarn und ich hatte ebenfalls Angst, dass der Hund irgendwann mal vors Auto lief. Es war eine Hündin und sie lief nicht vorwiegend davon, wenn sie läufig war, sondern grundlos und das mehrmals am Tag! Natürlich hatte ich Besseres zu tun, als ewig hinter dem Hund hinterher zu laufen. Heute weiß ich, dass Dora es aus Angst getan hatte. Angst vor Ärger in der Erziehung. Der Hund war nicht erzogen. Auf dem Hundeplatz klappte das alles hervorragend, aber zuhause ließ der Köter die Sau raus. Die Disziplin fehlte. Der Hund war völlig versaut. Im Kopf irre. Irregemacht worden allerdings! Durch den Hundesport und die drastischen Erziehungsmaßnahmen in der Hundeschule. Dadurch, dass mein Freund Anfänger war, kam eines zum Anderen und die Probleme mit dem Hund waren vorprogrammiert. Der Hund wuchs meinem Freund über den Kopf. Katrin hatte mehrmals angeboten, ihm zu helfen, sie müsse sich das Problem vor Ort ansehen oder den Hund zu sich nehmen und ihn „therapieren". Leider fehlte uns immer die Zeit, dass wir uns treffen konnten, um Erfahrungen mit Katrin auszutauschen. Natürlich bot uns Katrin an, ihre Hundeschule zu besuchen und mir und meinem Freund vor Ort wertvolle Tipps zu geben. Mittlerweile hatte Katrin eine eigene Ausbildungsstätte für Hunde errichtet. Das wollte mein Freund damals jedoch nicht. Die Fahrerei war ihm zu aufwendig, was weiß ich. Katrin lebte leider einige Kilometer von uns entfernt, sie war damals umgezogen und wir hatten uns leider aus den Augen verloren. Jedenfalls schickte Katrin mir dann eine Kladde mit Erziehungstipps.

Von ihr eigens hergestellt. Mit dem Inhalt dieser Kladde
konnte ich mich erstmals in die Hundewelt von Katrin Scholz
einlesen. Ich war erstaunt. Eine Welt, wie ich sie nie zuvor
gesehen und gelesen hatte, hinsichtlich des Themas Hunde.
Ausgiebig hatte Katrin anhand mehrerer selbsterlebter
Situationen beschrieben, welche Möglichkeiten ein
Hundehalter hat, wenn sein Hund nicht folgt oder er gar
"durchdreht". Während sich mein Freund leider weniger mit
der Kladde beschäftigte, verfolgte mich das Dingen tagelang.
Mir war klar, Katrin hatte sich im Laufe der Jahre unheimlich
viel an Fachwissen angeeignet. Damals war ihr eigenes
Hunderudel noch überschaubar. Es handelte sich zunächst um
5 Hunde, daraus wurden dann 10, dann 15, dann naja, heute
kommt sie auf 27 Hunde, wie bereits erwähnt. Größtenteils
Schäferhunde. Ich beschäftigte mich irgendwann mit der
Frage, wie kann ein Mensch es schaffen, derart viele Hunde so
zu sozialisieren, dass diese sich nicht gegenseitig zerfleischen
oder Katrin vielleicht sogar einmal anfallen oder sie
„auffressen"…Mir war bewusst, der Chef des Rudels war
eindeutig Katrin. Aber konnte sie diese Position halten?
Dauerhaft? Gab es nicht auch mal Situationen, die gefährlich
waren? Klar gab es die. Ich fragte nämlich bei Katrin nach.
Ich will ja immer alles ganz genau wissen. Nachdem ich mit
der Kladde fertig war, die ich übrigens heute noch besitze und
mir gut aufgehoben habe, trotz meines Chaos zuhause,
telefonierte ich ausgiebig mit Katrin. Ich bin ein Mensch, ich
will Aktion und ja es steckt auch ein kleiner Sadist in mir. Ich
will Hardcore Psychodinge aus dem Leben hören und sie
erfahren. Somit stocherte ich bei Katrin, als wir telefonierten.
Nach den spektakulären Dingen wollte ich mich erkundigen,
die eine Haltung von +/- 27 Hunden mit sich bringt. Ich wollte
es genauer wissen. Wollte von den „Unfällen", „Pleiten"
„Pech" und „Pannen" erfahren, die die Haltung derart vieler
Hunde in meinen Augen mit sich brachte. Ich konnte mir nicht
vorstellen, dass das immer alles glimpflich abging. Und Katrin
erzählte mir von Situationen, die für sie als Hundehalterin

brenzlig waren. Ihre Hunde sind alle top erzogen und im Rudel herrscht Ordnung, das sieht man auf den nachfolgenden Bildern sehr gut… Aber die zunächst ausgeglichene, entspannt aussehende Situation, kann ganz schnell eine andere werden. Durch Unaufmerksamkeit von Katrin. Katrin muss täglich Stärke den Hunden gegenüber demonstrieren. Körpersprache und Haltung sind das A und O, das diese Stärke ausmacht. Die Hunde vertrauen ihr. Durch Liebe und Sicherheit, die Katrin ausstrahlt. Wenn man jahrelang Erfahrung hat in gewissen Dingen, dann besitzt man Sicherheit. Die strahlt nach außen. Dazu der Leitsatz „Be strict". Was Katrin heute erlaubt, sagt sie, muss sie ihren Hunden auch morgen erlauben.

Was sie verbietet, muss sie auch den nächsten Tag verbieten. Sie dürfe niemals Schwäche zeigen in ihrem Rudel und keinen Alkohol trinken. Hinzufallen zwischen den Hunden wäre ebenso ungünstig und, sie trinkt niemals Alkohol, wenn sie ihre Hunde versorgt, sagt die 40-jährige. Alkohol enthemmt und macht locker. Katrin liefe Gefahr, ihre Leitposition zu verlieren. Ihr Rudel sei diszipliniert. Das Rudel sei ebenfalls eine gewisse Härte gewohnt und Katrin bringt eine Ausstrahlung mit, auf die ihr Rudel geprägt ist. Katrin ist eindeutig der, bzw. die Führerin in ihrer Hundemeute. Die Hunde vertrauen Katrin und die Hunde lassen sich von ihr leiten. Auf einem Video auf Katrins Facebookseite, habe ich mir mal einen Spaziergang mit mehr als 20 Hunden angesehen. Das war wirklich gigantisch. Die Hunde waren alle nicht angeleint. Und es nahte plötzlich Gegenverkehr. In Gestalt anderer Hunde und Spaziergänger.

Ein Pfiff von Katrin und alle ihre Hunde legten sich widerstandslos nieder. Ich hatte so etwas nie zuvor in meinem Leben gesehen. Aber zunächst mal zurück zu dem Ausdruck, Katrin trinkt in Gegenwart ihrer Hunde keinen Alkohol. Das finde ich übrigens sehr interessant. Ich staunte nicht schlecht! Niemals Alkohol! Also Katrin führt quasi ein Leben in absoluter Disziplin und strengster Selbstbeherrschung. Wow! Respekt! Ob das etwas für mich wäre, so zu leben? Ich glaube eher nein, wenn ich ehrlich bin. Ich bin zwar ein Mensch, der generell keinen Alkohol trinkt, also jemand, der kaum Alkohol zu sich nimmt, aber ich bin ein Mensch, der seinen Freiraum braucht. Bedingt durch die Verantwortung, mich um 27 Hunde kümmern zu müssen, käme ich in Bedrängnis und meine Freiheit ginge verloren. Mich würde das einengen. Meiner Freiheit beraubt, würde ich mich fühlen. Aber das ist meine menschliche Natur. Ich bin freiheitsliebend. Mag mich nicht einengen lassen. Von nichts und niemanden. Katrin sagt, sie sieht das nicht so, dass sie eingeengt ist. Ihr Leben ist ihr Lebenswerk. Sie lebt es mit Liebe und Passion. Performance. Katrin ist dafür geboren worden, glaube ich. Sie bringt alles mit, was eine Hundeforscherin braucht! Disziplin, Durchhaltevermögen, Ausdauer, Fachwissen, Ehrlichkeit, Respekt gegenüber dem Tier, Achtung und Stolz. Dazu Verantwortung. Die übernimmt sie ungefragt und man kann sich auf sie verlassen. Katrin ist ein verdammt stolzer Mensch. Oh ja! Das ist bestimmt auch eine Eigenschaft, die sie als Rudelführerin prädestiniert und die sie wahrscheinlich unbedingt braucht. Stolz ist eine Eigenschaft, in der man als Mensch ehrlich sein sollte. Sich selbst und anderen Menschen gegenüber. Unbedingt. Je mehr ich von den Menschen sehe, umso lieber habe ich meinen Hund. (Friedrich der Große). Hunde haben alle guten Eigenschaften des Menschen, ohne gleichzeitig ihre Fehler zu besitzen. (Friedrich II, der Große). Ich bewundere Katrin. Ich glaube, nicht nur ich... Sie hat meinen tiefsten Respekt.

Ein Tier spürt, ob wir Menschen es „verarschen", ihm etwas vorspielen. Das ist bei Hunden und Pferden derselbe Fall und identisch. Ein Mensch, der von sich selbst nicht überzeugt ist, kann niemals eine leitende Position einnehmen. Menschen in Führungspositionen sind absolut von sich überzeugte Persönlichkeiten. Selbst wenn ihnen Fehler unterlaufen sollte, würden sie daran nicht zerbrechen. Diese Menschen schaffen es nahezu perfekt, diese Art von Fehlern lediglich wie ein "kleines Versehen" aussehen zu lassen. Selbst wenn es sich um ein dramatisches Ausmaß handeln sollte, bleiben sie cool und gelassen. Coaching, Management, alles in der richtigen Dosierung, fließt durch ihre Venen. Durch Katrins Adern fließt vielleicht Hundeblut, ich weiß es nicht. Aber ihre Art, in der sie mit Hunden umgeht, von ihnen erzählt, mit ihnen arbeitet, sie liebt und trainiert, mit ihnen kommuniziert, ist meiner Meinung nach schon nichts Normales mehr. Es geht ins Außergewöhnliche und hat bereits einige übersinnliche „Fähigkeitszüge" an sich. Es ist wundersam. Sehr wertvoll für Ausstehende. Es gibt tatsächlich Menschen, die sind für gewisse Dinge im Leben einfach geboren. Wo andere Menschen verzweifeln und nicht weiterkommen, langweilen sich Menschen wie Katrin. Katrin ist längst immer einen Level weiter und allen anderen voraus. Das war sie als Kind schon. Sie war und ist einfach begabt. Um Beispiele zu nennen, muss ich kurz innehalten und überlegen. Vielleicht hilft es, wenn ich erzähle, dass Katrin verschiedenen Hobbys hatte. Katrin war z.B. auch leidenschaftliche Tänzerin. Sie besuchte die Tanzschule, hatte in recht jungen Jahren einen festen Tanzpartner und tanzte sich durch ihre Freizeit. Ich weiß noch, ich hatte ihr damals die Frage gestellt, ob ihr Tanzpartner auch ihr Freund sei. Sie verneinte das mit der Aussage, ihr Tanzpartner sei schwul. Das hatte mich ziemlich verunsichert. Für mich war das seit dem Tag an so, dass alle männlichen Tänzer eben schwul waren, zumindest in meinen Augen. Vielleicht einer der Gründe, warum ich selbst niemals eine Tanzschule besuchte und mir meinen Freund woanders aussuchen zu müssen glaubte. Wer sich jetzt fragt, warum ich vom Tanzen schreibe…Ganz einfach! Weil wir auch hier wieder sehen, wie diszipliniert und zielstrebig Katrin eigentlich bereits seit frühester Jugend an war. Ich kenne keinen Menschen, der mehr Ehrgeiz hat, als Katrin Scholz. Wir besuchten zusammen ein Reitturnier. Katrin war glaube ich knapp über 20 Jahre alt damals. Den Tag vergesse ich niemals. Katrin gewann an dem Wochenende fast alle Prüfungen, die sie ritt. Ihr Auto war später voller Schleifen, Pokale und Ehrenpreise. Wir lachten uns kaputt, weil wir gar nicht mehr wussten, wohin mit dem ganzen Zeugs und wo wir im Auto sitzen sollten. Katrin hatte unheimlich viele Neider. Diese rümpften natürlich über Katrins Erfolge gehörig die

Nase. Auf einem anderen Turnier gab es Reiter, die protestierten lautstark, gegen Katrin zu starten. Sie sagten, wenn Katrin nochmals antreten würde in gewissen Prüfungen, dann wollten sie nicht mehr teilnehmen, weil sie eh keine Chance hätten. Keine Chance gegen Katrin Scholz. Klar ist Katrin auch mal vom Gaul gesegelt, nichts ging immer glatt in ihrem Reitsport. Aber sie war hart im Nehmen und dafür habe ich sie immer bewundert. Wo andere Menschen aufgaben, die Flinte ins Korn warfen oder resignierten, fing Katrin als Kind und Jugendliche bereits an zu kämpfen. Ihren grandiosen Ritt auf dem Schulpferd namens „Feldherr", durch den Springparcours, daran erinnere ich mich auch noch sehr gut. Das vergesse ich nie! Katrin musste dieses Pferd dermaßen animieren, dass der Gaul sich überhaupt in Bewegung setzte, das war schon eine Lachnummer für Außenstehende damals und für Katrin eine Meisterleistung. Katrin war 12 Jahre alt. Sie hatte kaum eine Chance, dieses große Tier über die Sprünge zu animieren, aber mit all ihrer Kraft und ihrem unbändigen Willen, erreichte sie das Ziel. Sie beendete den Parcours fehlerfrei aber unter größter Kraftaufwendung und Überzeugungskraft gegenüber dem störrischen „Bock". Wer beim Tanzen die Hosen anhatte, das kann ich nicht beurteilen, ich habe niemals eine Tanzaufführung besucht von Katrin und ihrem Tanzpartner. Das war ein Kapitel, das mich nie interessiert hatte. Jedenfalls tanzte sich Katrin durch mehrere Leistungsstufen in Lateinamerikanischen Tänzen mit ihrem Tanzpartner. Sowohl im Reitsport, als auch im Tanzsport, stand Katrin ganz vorne mit dabei, wenn es um Preise, Anerkennung und Erfolg ging.

Wenn man dieses Bild vom Tanzen betrachtet und dann gesagt bekommt, du, diese Dame da in dem Glitzerkleidchen, ist Hundeforscherin und lebt mit 27 Hunden zusammen, was würde passieren? Genau, man könnte es nicht glauben und würde schmunzeln. Leider ist das Bild sehr unscharf, aber gut, das liegt ja auch schon einige Jährchen zurück. Das Verrückte im Leben, das ist es, was uns Menschen weiterbringt. Einfach mal verrückt sein. Katrin ist ziemlich crazy und sie traut sich nahezu alles. Von Bungeejumping bis Fallschirmsprung. Ich kenne sie nicht anders. Während ich eher so die Stille, Zurückgezogene bin und war, lief und läuft Katrin immer auf der Überholspur, bei allem, was sie tat und tut. Katrin der Wirbelwind...

*Ich liebe dieses Foto, Katrin!!*

Du Verrückte Du! ☺

Und manchmal beneide ich Dich auch...

## Und manchmal auch nicht ☺

Eines Tages, als wir telefonierten, hörte ich deutlich die
Traurigkeit aus ihr sprechen. Auch wenn Katrin immer einen
auf cool macht, manchmal überkommt auch sie der Lauf des
Lebens. Denn der besteht nicht nur aus Hunden. Wie sieht es
mit Familienplanung aus? Ich fragte sie ziemlich direkt, ob sie
nicht irgendwann einmal Kinder haben wollte. Katrin wurde
ziemlich traurig während des Gesprächs. Klar wolle auch sie
Kinder haben, aber wie soll das gehen bei 27 Hunden? Ich
überlegte, ob ich mir Katrin mit Kind vorstellen könnte. Mhm,
ich konnte es mir selbst beinahe nicht einmal vorstellen, wie
das wäre, wenn ich ein Kind hätte, bis vor knapp 17 Jahren es
dann soweit war. Bis ich schließlich eins bekam. Ich hätte in
meinem Leben etwas verpasst, wenn ich keins bekommen

hätte. Davon berichtete ich Katrin. Katrin, ich wünsche dir an dieser Stelle wirklich von Herzen, dass das auf die Schnelle vielleicht doch noch klappt. Du hast in diesem Leben doch alles erreicht! Was dir fehlt, ist wirklich eine eigene Familie! Katrin sagte mir auf meinen gutgemeinten Rat, dass sie jetzt 40 Jahre alt wäre und das Thema Kinder erledigt. Sie bekäme eben in diesem Leben keine Kinder mehr. Katrin, du hast viele Menschen, die einen Problemhund zuhause sitzen haben, glücklich gemacht, indem du sie von ihrem „Tyrannen" befreit hast. Du gibst den Hundefreunden wertvolle Erziehungstipps in Theorie und Praxis mit auf den Weg, du hast wirklich alles erreicht, Katrin. Jetzt ist es an der Zeit, einmal eine andere Sache anzugehen. Es soll keine Moralpredigt an deine Adresse sein. Ich bin deine Freundin, es ist ein Rat. Ein liebevoller. Das Leben ist kurz und es ist zerbrechlich, Katrin. Bevor ich dieses Buch schrieb, musste ich auf Katrins Seiten bei Facebook stöbern, bzw. ein wenig stalken. Das ist eine Angewohnheit, die ich ungern verfolge. Aber ich brauchte Infos. Bei all den Fotos und Berichten, Zeitungsartikeln und Fotos mit Prominenten vor allen Dingen, habe ich wirklich gestaunt. Den Durchblick habe ich verloren. Es gibt kaum jemanden, der Rang und Namen hat, dem Katrin noch nicht die Hand geschüttelt hat. Ebenfalls gibt es kaum jemanden, der einen Namen hat, der noch nicht einen von Katrins Hunden gestreichelt hätte. Katrin erzählte mir von Helge Schneider. Herr Schneider habe auch einen Hund. Da staunte ich wieder einmal, denn ich hätte lediglich getippt, Herr Schneider wäre vielleicht höchstens im Besitz einer Katze, nach seinem Welterfolg „Katzenklo", hatte ich das stark angenommen. Helmut Lotti, der Name fiel ebenfalls. Helmut Lotti und seine Hundephobie. Ein Mensch, der sich nicht einmal traut, Joggen zu gehen, aus Angst, von einem Hund gebissen zu werden. Kaum vorstellbar. Katrin hatte sie alle persönlich kennengelernt. Zu den Zeiten, als Katrin für Helmut Lotti schwärmte, waren wir Kinder. Ich konnte das nicht verstehen, der Kerl war so gar nicht meine Welt. Katrin fuhr beinahe auf jedes Konzert, das er gab. Wie spooky das alles war und heute ist…Helmut Lotti Konzerte, Lateinamerikanische Tänze, Springreiten und jetzt Hundeforscherin. Springreiten… Ja, Katrin war leidenschaftliche Reiterin. Eigentlich war ich fest davon ausgegangen, dass Katrin später in ihrem Leben einmal etwas mit Pferden gemacht hätte. Bereiterin oder Jockey. Sie ist ja recht kleingewachsen, sie hätte gut Jockey werden können. Auf unseren Pferden haben wir zu Kindeszeiten immer gegenseitiges „Wettreiten" gemacht. Auf dem großen Springplatz bei uns auf der Reitanlage, da ging die Post ab. Meine Güte. Katrin war eine begnadete Springreiterin. Sie hatte keine Angst vor großen Hindernissen. Manchmal legte ich die Stangen wirklich ins letzte Loch der Hindernisständer. Katrin ritt alles an. Gnadenlos. Mit meinen Pferden erzielte sie unheimlich gute Erfolge bis zur Klasse L. Als Katrin damals vom Sauerland ins Hessenland zog, da war es mit der Reiterei bei ihr vorbei. Ich fand das unheimlich schade. Katrin war so begabt. Mir hatte das wirklich sehr wehgetan, Katrin als Freundin zu verlieren, als sie fortzog. Wir blieben irgendwie immer in Kontakt, telefonierten und schwärmten aus alten Zeiten. Wie sich die Zeiten allerdings verändert haben, ist der pure Wahnsinn. Vor allem auch, welchen Bekanntheitsgrad Katrin mittlerweile hat. Es gibt doch in der Tierwelt kaum jemanden, der Katrin nicht kennt. Vor allem, wo Katrin schon überall gewesen ist. Auf der Weltkugel betrachtet. Was sie alles gesehen hat und wen sie alles gesehen und kennengelernt hat. Ich beneide sie an einigen Stellen tatsächlich um ihr abwechslungsreiches Leben. Aber dennoch, ich möchte nicht mit ihr tauschen. Nein, ich möchte mich der Verantwortung, ein Leben mit 27 Hunden zu führen, nicht stellen müssen. Wie sieht eigentlich Katrins Wohnung zuhause aus? Bei so vielen Hunden? Also ich habe einen Hund und meine Wohnung stinkt fürchterlich nach eben diesem Hund. Manchmal, wenn das Wetter feucht ist, stinkt es besonders widerlich. Ich habe Ekel. Wie ist das bei so vielen Hunden? Einige von ihnen schlafen auch in Katrins Bett. Meine

Vorstellungen, bildlich, sind teilweise ziemlich witzig. Eine von Hunden besetzte Hauswohngemeinschaft. Dazu die Arbeit mit 27 Hunden! Auf einigen Fotos sah ich in Katrins Wohnzimmer Hundekörbe. Dort guckt also nicht nur Katrin TV, sondern ihre Hunde ebenfalls. Nur die Lieblingshunde von Katrin? Gibt es das eigentlich? Lieblingshunde? Liebt Katrin alle Hunde gleich? Wie funktioniert das bei Katrin daheim? Sehr gern würde ich einige Tage bei Katrin verbringen und mir das alles einmal live ansehen. Dann könnte ich Euch berichten. Ausgiebig... So ist dieses hier nur ein kleines Buch. Ein kleines Buch zur Freundschaft eines großartigen Menschen... Katrin, du hättest mehr Ehre verdient! Wenn es deine Zeit einmal erlauben sollte, mache ich mich auf den Weg zu dir!

Zurück zu dem Thema, Arbeit mit den Hunden! Die Ausläufe müssen saubergemacht werden. Dazu muss Katrin auch noch den eigenen Haushalt führen, Seminare geben, Hundeschule betreiben. Irgendetwas bleibt doch auf der Strecke, oder? Aber Katrin hat Nerven wie Drahtseile. Katrin ist durch nichts zu erschüttern. Katrin liebt ihr Leben. Montags habe sie frei, erzählte sie mir jetzt. Da würde sie den Tag mit Schlafen und

TV verbringen. Guckst du immer noch so gern die Golden
Girls, Katrin? Und Alf? Ich vermisse unsere Kindheit.
Manchmal wünschte ich, ich könnte zurück. Wieder Kind sein.
Wer wünscht sich das nicht? Ich erinnere mich, als Katrin vor
zig Jahren mit ihrem Pferd die Bahnschienen blockierte. Ihr
Pferd wollte von den Bahnschienen nicht mehr runtergehen.
Nichts zu machen! Stur wie ein Esel der Bock. Ich meine, die
Angelegenheit wurde damals sogar im Radio durchgegeben.
Irgendwie musste man den Zugverkehr lahmlegen, solange der
Gaul auf den Schienen stand. Wenn ein Zug gekommen wäre,
das hätte aber ein Drama gegeben. Das Pferd hieß „Rebell".
Das war wirklich ein "Rebell". Genauso durchgeknallt der
Gaul, wie seine Besitzerin "Katrin". Rebell fabrizierte die
tollsten Sachen, Unfälle und Katastrophen. Aber Katrin blieb
unbeeindruckt von all seinen Marotten. Ich bewunderte sie für
die Ruhe und Gelassenheit, wie sie mit ihrem Pferd umging.
Vor allen Dingen, wenn du als Mensch mit Tieren arbeitest, da
brauchst du eine gewisse Gleichgültigkeit. Härte, aber auch
dieses „Ach leck mich am Arsch Gefühl". Wenn du dich in der
Arbeit mit Tieren über jeden kleinen Mist aufregst, da machst
du dir die Nerven kaputt. Katrins Nerven sind „unkaputtbar".
Das waren sie immer schon. Das mag ich so sehr an Katrin als
Mensch. Ich bin sicher, wenn Weltuntergang sein wird,
irgendwann, dann werden sie und ich nebeneinandersitzen.
Weil ich es möchte. Ja, ich möchte dann gerne mit Katrin
zusammen sein. Katrins Einstellung ist einfach genial. Auch
zum Tod hat sie wunderbare Ansichten. Naja, wenn es dann
eben soweit ist, dann ist es soweit, aber solange macht sie
weiter. Bis es irgendwann nicht mehr geht und das Ende
kommt, sagt sie. Etwas, das mich übrigens auch sehr berührt
hat: Als Katrin mir vom Weg ihres Erfolges erzählte.
Anfänglich hatte sie Seminare gegeben, bei denen vielleicht 5
Besucher anwesend waren. Manchmal auch nur 3. Zäh war
sie, die Laufbahn zu ihrem Erfolg. Auch die Hundeschule war
anfänglich nicht gut besucht. Katrin berichtete, dass sie etwa
5-7 Jahre gebraucht hätte, bis alles ins Rollen kam. Und ins

Rollen wäre es nur gekommen, weil sie immer an sich geglaubt hätte. Niemals hätte sie aufgegeben. Manchmal stand sie dort auf den Seminaren und hatte nicht einen Pfennig in der Tasche, weil all ihr Geld für die Hunde draufging. Katrin, ich habe größten Respekt vor dir. Ich möchte sehr gern einmal deine Arbeit vor Ort besichtigen und mir live ansehen, das sagte ich bereits weiter oben im Text. Je mehr Infos ich habe, desto besser könnte ich eine Biografie über dich schreiben. Natürlich wäre es klasse, wenn ich dich vielleicht einmal zuhause besuchen könnte, bzw. dürfte. Ich möchte mir dein Leben und das Leben deiner Hunde gern genauer ansehen. Eine wirkliche Vorstellung habe ich kaum von deiner Arbeit, die du täglich leistest. Ich finde es trotzdem gigantisch, welchen Weg du zurückgelegt hast. Dieses Buch ist eine Überraschung für dich, Katrin. Von mir, deiner Freundin, für dich erstellt. Ein kleines Buch der Freundschaft. Du kannst es auf Seminaren verteilen und oder verschenken und deinen Freunden einen kleinen Einblick in deine Welt gewähren. Wirklich nur einen kleinen. Aber weißt du, es sind nicht die großen Dinge im Leben, die uns Menschen glücklich machen, sondern die vielen kleinen. Was hätte es genutzt, eine großartige Biografie über dich zu schreiben mit allerhand Infos und Details über deine Arbeit, mit Erziehungstipps für schwererziehbare Hunde, mit Ausführungen vom Verhalten der Hunde, über das korrekte an der Leine führen, bis hin zum „mein Hund darf nicht bellen, wenn wir beim Gassi gehen anderen Hunden begegnen" und all so ein Kram. Mit dem Buch möchte ich dir eine Freude machen. So hast du immer etwas bei dir, von dir, das du deinen Freunden mitgeben kannst. Und etwas von mir, das dich an unserer Freundschaft erinnert. Deine Freunde können an der einen oder anderen Stelle schmunzeln und vielleicht auch staunen, kleine private Infos über dich erhalten, mit denen sie vielleicht niemals gerechnet hätten. (Lateinamerikanische Tänze). Im weiteren Teil dieses Buches habe ich die nächsten Seiten deinem unvergessenen Freund und Rudelführer „Biko" gewidmet.

Dein Seelenhund, Katrin! Ich habe ihn ja persönlich kennengelernt und ich erinnere mich sehr gut an Bikos Familie. Da gab es die „Gin". Die Tochter von „Gin", die Wodka und diese war soweit ich mich erinnern kann, die Mutter vom Biko... Habe ich das richtig in Erinnerung? Ich glaube ja...

*Erinnerungen*

*An Biko & Freundschaften*

*Anais C. Miller*

*Entnommen aus "Nebelmond"*

## Das Leben ohne einen Hund ist ein Irrtum

Der Hund hat im Leben nur ein einziges Ziel. Sein Herz zu verschenken… Vielleicht stände es um die Welt besser, wenn Menschen Maulkörbe und Hunde Gesetze bekämen…Ein Hund, ein wahrer Freund, ein treuer Gefährte, ob Not oder Leid, ehrlich; er hält zu Dir in jeder Zeit. Ein Hund, ein großes Geschenk, er gibt mehr, als Du je nehmen kannst. - Team Bordeauxdoggen.eu Egal wie wenig Geld und Besitz du hast, einen Hund zu haben, macht dich reich! Haben Tiere eine Seele und Gefühle, kann nur fragen, wer über keine der beiden Eigenschaften verfügt. Der nachfolgende Ausschnitt wurde entnommen aus meinem aktuellen Buch „Nebelmond". In dem

Buch gab ich einigen meiner Leser die Möglichkeit, mir ihre Geschichte zu erzählen.

Die Geschichte von ihren vierbeinigen Freunden, die bereits über die Regenbogenbrücke gegangen sind.

Katrin hatte an dem Aufruf teilgenommen. Die nächsten Zeilen gehören Biko!

In Gedenken an „Biko"!

*Entnommen aus meinem Buch "Nebelmond".*

Beginnen möchte ich mit „Biko" dem Hund meiner besten Freundin Katrin Scholz. Katrin ist Hundeforscherin seit mehr als 14 Jahren. ( www hundeforscherin.de) Sie lebt mit einem Rudel Hunden zusammen, deren Größenordnung sich auf mindestens 20 Hunde beläuft. Ich kenne niemanden, der/die mehr Ahnung von Hunden hat, als Katrin. Katrin erzählte mir über ihren treuen Freund Biko folgendes. Als Welpe war Biko bereits zeitig verkauft. Die gesamte Hundefamilie von Biko war in Katrins Besitz. Es handelte sich um besonders leistungsstarke und auch im Sport erfolgreiche Hunde. Katrin erzählte mir, als ihre Kunden kamen, um Biko abzuholen, wollten sie ihn nicht nehmen, weil er als Welpe so hässlich war. Auf meine Frage, ob Biko denn tatsächlich so „unhübsch" war, bestätigte sie dieses lachend. Ja, Biko sei ein wirklich hässlicher Hund gewesen und er hätte keinen guten Start ins Leben gehabt. Als Welpe war Biko bereits krank und er bereitete Katrin mehr Kummer und Sorgen, als Freude. Katrin hatte Glück, „Kunden" aus dem Ausland boten schließlich viel Geld für Biko, aber Katrin hatte sich entschlossen, ihr hässliches Entlein doch zu behalten. Es war anfänglich sehr schwierig, als Biko heranwuchs. Biko öffnete sämtliche Türen und Tore, er sprang aus dem Fenster, weil er nicht alleine, ohne Katrin sein wollte. Katrin konnte keinen Schritt ohne ihren Biko tun. Biko folgte seiner Besitzerin auf Schritt und Tritt. Irgendwann schlief der Hund im Bett, auf der Couch und mit im Hotelzimmer und er musste auch mit hinein ins Flugzeug, wenn Katrin auf Reisen ging. Einen Tag ohne Biko in ihrem Leben und ein Tag ohne Katrin in Bikos Leben waren undenkbar. Eine innige Freundschaft war zwischen den beiden entstanden. Katrin sagt über ihren Biko, dass es sich um eine sehr starke Persönlichkeit handelte. Selbst aus einem Hotelzimmer war Biko ausgebüchst und als Katrin von einem kleinen Ausflug zurückkam, wartete Biko bereits an der Hotelrezeption auf sie. Schwanzwedelnd und voller Freude natürlich auf seine Herrin! Biko hatte im Laufe der Jahre mehrere Fernsehauftritte u.a. in „Alarm für Cobra 11". Biko absolvierte eine Ausbildung zum Therapiehund und auch eine Ausbildung zum Schutzhund. Kindern und auch Behinderten gegenüber bezeichnet Katrin ihn als einen stets sehr freundlichen Hund, der immer willig mitgearbeitet hatte. Auch für seine Auftritte im Fernsehen. Einmal allerdings sollte er mit einem Affen zusammen auftreten und das musste abgesagt werden, weil Biko während den Proben wohl versucht hatte, den Affen zu beißen, weil dieser ihm auf die Nerven ging. Katrin erinnert sich mit einem weinenden und einem lachenden Auge an ihren treuen Freund. Biko traf Persönlichkeiten wie „Helge Schneider", „Helmut Lotti" und „Jürgen von der Lippe". Biko rettete seiner Besitzerin Katrin sogar einmal das Leben, als während des Schutzdienstes ein anderer Hund auf Katrin losging. Das Einzigartige an Biko beschreibt Katrin darin, dass Biko sanft wie ein Lamm war, sich aber auch innerhalb weniger Sekunden zum „Weißen Hai" entpuppen konnte. Biko musste im Alter von 11 Jahren eingeschläfert werden. Für Katrin war dies die härteste Reise ihres Lebens, von Biko Abschied zu nehmen. Sie vermisst ihn sehr. Ich selbst kannte Biko persönlich. Ich war ihm einmal begegnet und ich kann wirklich sagen, er war ein außergewöhnlicher Hund.

Ich habe Katrin versprochen, dass ich Bikos Geschichte und natürlich auch ihre eigene, einmal ganz aufschreiben werde. Irgendwann finden wir hoffentlich die Zeit, uns bei mehreren Tassen Kaffee zu treffen, aus alten Zeiten zu plaudern und uns an den Erinnerungen unserer Kindheit erfreuen zu können. Die Zeit, sie geht viel zu schnell vorbei. Katrin und ich waren ziemlich beste Freunde aus unserer Kindheit und wir haben uns immer viel zu erzählen..

„Keine Beleidigung würde mich so hart treffen, wie ein misstrauischer Blick meiner Hunde"...

„Die Mitteilungsmöglichkeit des Menschen ist gewaltig, doch das meiste, was er sagt, ist hohl und falsch. Die Sprache der Tiere ist begrenzt, aber was sie damit zum Ausdruck bringen ist wichtig und nützlich."

„Jede kleine Ehrlichkeit ist besser als eine große Lüge". (Albert Schweitzer)

*"Arm sind diejenigen, die ohne Hunde leben..."*

"Trauer ist ein Fluss in dem man nicht gegen den Strom schwimmen kann"...

In stiller Erinnerung an ein Tier, das mehr als nur ein Hund war... "Hunde kommen in unser Leben, um zu bleiben. Sie gehen nicht fort, wenn es schwierig wird, und auch, wenn der erste Rausch verflogen ist, sehen sie uns noch immer mit genau diesem Ausdruck in den Augen an. Das tun sie bis zu ihrem letzten Atemzug. Vielleicht, weil sie uns von Anfang an als das sehen, was wir wirklich sind: fehlerhafte, unvollkommene Menschen. Menschen, die sie sich dennoch genau so ausgesucht haben. Ein Hund entscheidet sich einmal für den Rest seines Lebens. Er fragt sich nicht, ob er wirklich mit uns alt werden möchte. Er tut es einfach. Seine Liebe, wenn wir sie erst verdient haben, ist absolut." (Picasso)

Viele, die ihr ganzes Leben auf die Liebe verwendeten, können uns weniger über sie sagen, als ein Kind, das gestern seinen Hund verloren hat.

## Vorwort zu "Charisma"

Katrin hat mich gebeten, für Euch die Geschichte meines Pferdes Charisma im Buch mit anzuhängen. Die Geschichte von Charisma beruht auf wahren Tatsachen! Charisma war mein eigenes Pferd. Wenn sie Euch gefällt, vielleicht lesen wir uns ja an der einen oder anderen Stelle in meinen anderen Büchern später noch einmal, das würde mich persönlich sehr freuen. Ich wünsche Dir Katrin, und all Deinen Freunden mit ihren Tieren zusammen eine gute Zeit. Bitte bleibt alle gesund und vergesst eines nicht:

*Es ist gar nicht so leicht, ein guter Hund zu sein! :)*

*-Andrew de Prisco-*

Liebe Leser,

das Bild zeigt "Charisma" und mich. Die Geschichte, die ich
Euch erzählen möchte, beruht auf wahren Tatsachen. Für alle
Beteiligten, die jemals mit diesem Pferd zu tun gehabt haben,
ist diese Stute ein Wunder. Trotz einer komplizierten
Trümmerbruchfraktur ihres Ellenbogens, kämpfte sich
Charisma zurück ins Leben. Für Charisma:

Es hätte mir das Herz gebrochen, dich töten zu müssen! Es hat
mir das Herz gebrochen, dich so leiden zu sehen. Es brach mir
das Herz, dir nicht anders helfen zu können, außer dir die

Freiheit für 7 Monate zu nehmen. Es tat mir im Herzen sehr weh, dich entgegen des Tierschutzgesetzes 7 Monate lang einzusperren! Es zerriss mir das Herz, nicht zu wissen, ob meine Entscheidung die richtige war. Heute 4 Jahre später, weiß ich, dass wir beide alles richtig gemacht haben. Mein Herz ist wieder frei und glücklich. Genau wie deins. Wir haben uns beide geheilt und gerettet. Gegenseitig. Ich habe dich sehr lieb und werde dich niemals vergessen. Danke, dass du in mein Leben gekommen bist.

-Anais-

Charisma

... oder Wunder gibt es

Vor 4 Jahren begegnete ich einem Pferd... Nein, ich möchte sagen, ich durfte einem Pferd begegnen. Heute weiß ich, dass diese Begegnung ein Geschenk war. Vielleicht ein Geschenk des Himmels oder aber eine Lektion meines Lebens. Charisma, ihr Name ist für mich von großer Bedeutung. Ein Pferd mit einem Herz, das so riesig ist, dass die halbe Welt dort Platz nehmen könnte. Und wir müssen ihr gut zuhören, denn sie hat uns so viel zu erzählen, diese Stute! Vor allem mir hat sie Dinge "erzählt" und "gezeigt", dass ich heute noch, vier Jahre später, weinen muss, wenn ich mich voller Ehrfurcht und Respekt an Charisma erinnere! Vor vier Jahren also wollte ich noch einmal im Springsport durchstarten. Bedingt einer langen Krankheit zufolge hatte ich meinen geliebten Sport, die Springreiterei, eine Zeit lang auf Eis legen müssen. Mir war klar, ich brauchte für ein Comeback ein gutes Pferd, ein sicheres vor allem. Ein Pferd, das mich zu Anfang wieder unterstützen und mir den Einstieg in den Sport erleichtern würde. Ich entschied mich zum Kauf von "Charisma". Eine damals 14 Jahre alte Hannoveraner Stute mit guter Abstammung und einigen Sporterfolgen. Nun muss ich

gestehen, ich kaufte viele Pferde in meinem Leben "blind".
Blind bedeutet, spontan, ohne sie vorher auszuprobieren. Vor
allem, wenn sie von meinem Wohnort viele Kilometer weit
entfernt standen. Oftmals entschied ich mich für ein Pferd
ganz spontan anhand einer Internet oder Verkaufsanzeige und
gab gleich telefonisch den Zuschlag. "Intuition" nenne ich
solch ein tiefes Gefühl. So war es damals auch mit Charisma.
Die Besitzerin brachte die Stute nach meinem „Blindkauf" mit
dem Anhänger direkt bis zu mir nach Hause. Ich war sofort
fasziniert von der schwarzbraunen Stute. Gleich, als ich sie das
erste Mal vor mir stehen sah. Ihre Schönheit hatte es mir direkt
angetan. Sie war so unglaublich hübsch!

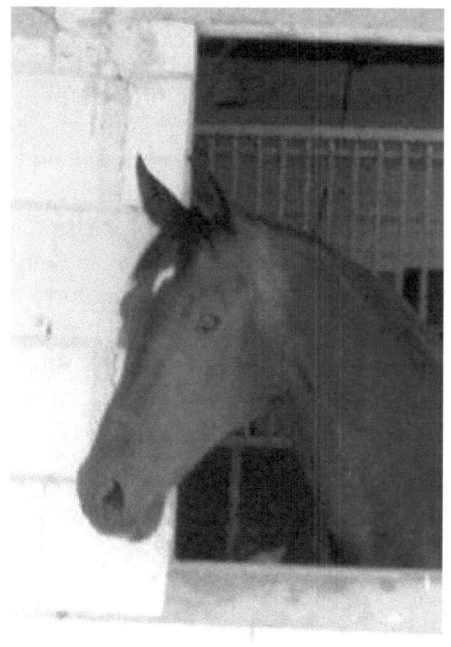

Sanft ihr Blick, das Fell glänzend wie Seide, der Charakter
ehrlich und liebevoll. Das sah ich in ihren großen, klaren
Augen. Nach einigen Tagen der Eingewöhnungszeit und den
ersten „Reitrunden" kam bei mir jedoch schnell die totale
Ernüchterung. Charisma war ein unheimlich starkes Pferd! Sie
zu reiten, glich auf einem Feuerstuhl sitzend, bei dem Bremse
und Lenkung nicht funktionierten. Vom Sattel aus fühlte es
sich an, als hätte man die Zügel in eine Betonwand
verschnallt. Eigentlich bin ich eine Reiterin mit sehr feinen
Hilfengebungen, aber bei Charisma hätte ich eine
Profiausbildung im Bodybuilding gebraucht, um sie regulieren
zu können. Ging ich mit Charisma ausreiten, verließen mich

oftmals die körperlichen Kräfte und mir blieb die Luft weg. Einmal landeten wir im gestreckten Galopp direkt in Nachbars Garten, weil ich die Stute nicht mehr rechtzeitig bremsen konnte. Mit dem Pferd hatte ich mich völlig verkauft! An einigen Tagen verfluchte ich die Stute gedanklich regelrecht. Charismas Energie konnte ich nicht bändigen. Entsetzt über Charismas Verhalten, rief ich ihre alte Besitzerin an und bat diese, Charisma zurückzunehmen. Eigentlich flehte ich sie regelrecht an, Charisma wieder abzuholen. Das junge Mädchen befand sich jedoch bereits im Studium und es war ihr somit nicht mehr möglich, Charisma zurückzunehmen. Damals bin ich sehr traurig gewesen, dass ein Pferd in meinem Stall stand, das so gar nicht mit mir harmonieren wollte. Leider blieb mir nichts anderes übrig, als es so hinzunehmen. Notgedrungen meldete ich mit Charisma zu einem Turnier an. Dafür hatte ich mir die Stute immerhin angeschafft. Dachte mir, entweder es funktionierte oder ich brach mir wahrscheinlich das Genick. Mit Schrecken überlegte ich, wie ich Charisma um die Kurven im Parcours lenken sollte. Ihre Lenkung funktionierte nicht und in meinen Augen schien diese ständig "Außer Betrieb" und defekt zu sein. Eine Servolenkung hat es bei Charisma anscheinend nicht gegeben. Zumindest fand ich die dazugehörigen Knöpfe nicht, die man vielleicht bei dem Pferd hätte drücken müssen. Meine Selbstironie betrachtete ich eher schmerzlich als humorvoll. Unsere Prüfung klappte trotz all meiner Zweifel und nächtlichem Albtraum erstaunlich gut! Wir belegten auf Anhieb den dritten Platz in einem Springen. Jedoch fühlte ich mich todunglücklich auf diesem Pferd. Wirklich. Kräftemässig war das Reiten mit Charisma absolut kein Vergnügen und auch "Spaß am Reiten" ging für mich irgendwie anders. So gern hätte ich die Stute am liebsten gleich wieder verkauft. Allerdings, kaufen würde dieses Pferd freiwillig niemand, dessen war ich mir sicher. Hätte ich Charisma vorher Probe geritten, vor meinem Kauf, sie also getestet, ich hätte diese Stute im Leben nicht gekauft! Ein Pferd, auf dem dir als Reiter

die Arme abfallen und du keine Kontrolle über das Tier hast!
Wer kauft so etwas? Niemand! Mein Gott, wie oft fluchte ich
über Charisma. Dabei war sie so wunderschön anzusehen.
Wenn sie auf der Koppel stand und ich ihr beim Grasen
zugesehen habe. Eigentlich ein Traumpferd. Vom
Pferderücken aus betrachtet handelte es sich bei Charisma
jedoch um meinen persönlichen Albtraum. Charisma kaufte
ich damals im März und bin gleich Anfang Mai das erste
Turnier mit ihr geritten. Mitte Mai plante ich ein weiteres
Turnier mit der "verrückten" Stute. Mit Schrecken und
Magengrummeln dachte ich an dieses Turnier. Dazu kam es
dann jedoch nicht mehr. Ein lauter Knall!! In dem Moment
ahnte ich sofort, dass etwas Schlimmes passiert sein musste.
Eines der Pferde auf der Weide hatte sehr wahrscheinlich ein
anderes getreten. Dieses Geräusch sitzt heute noch in meinen
Ohren. Wenn Knochen "zerschlagen" werden und brechen.
Mir wird schlecht, wenn ich mich heute an diesen
albtraumhaften Moment von damals erinnere. Zu dem
Zeitpunkt, als das Unglück geschah, befand ich mich in den
Pferdeboxen unterhalb der Weiden und konnte nicht gleich
sehen, was passiert war. Damals hörte ich nur diesen Knall.
Ich lief zur Koppel. Ich rannte. Schneller und schneller. Mein
Herz schlug mir bis zum Halse. Panik stieg in mir auf.
Schreckliches vermutete ich. Genau das war geschehen!
Charisma stand nur noch auf drei Beinen! Oh mein Gott, bitte
Nein! Sie zitterte am ganzen Körper, ihre Augen waren
entsetzlich weit aufgerissen. Blanke Angst und pure Panik
erkannte ich in ihnen! Klatschnass geschwitzt war Charisma
und nervlich völlig aufgelöst. So gut es mir gelang, versuchte
ich das Pferd zu beruhigen und führte es zu den Stallungen.
Diese erreichte Charisma nur noch mühsam und humpelnd auf
drei Beinen. Tränen schossen mir in die Augen beim Anblick
des verstörten Pferdes. Der herbeigerufene Tierarzt vermutete
genau wie ich, eine Fraktur! Leider konnte er damals vor Ort
keine direkte Diagnose mitteilen, er musste zunächst in die
Praxis fahren, um die Röntgenbilder auszuwerten. Dieses

Warten damals und meine Schuldgefühle gegenüber dem Pferd, waren für mich kaum zu ertragen. An dem schrecklichen Unfall traf mich keine Schuld, natürlich nicht, aber wie böse schimpfte ich zuvor über dieses Pferd?! Wie sehr verfluchte ich Charisma, weil sie nicht das Ideal gewesen ist, das ich mir so sehr wünschte. Wie selbstsüchtig von mir, ein Lebewesen zu verurteilen, nur weil es nicht meinen Vorstellungen entsprach. In diesen drei Stunden des Wartens auf das Ergebnis der Röntgenbilder fühlte ich mich so schlecht, wie selten zuvor in meinem Leben. Niemals spürte ich derartige Schmerzen in meinem Herzen. Ach Gott, ich wünschte mir, ich hätte alles rückgängig machen können. Zu spät! Der Tierarzt stellte die Diagnose: "Trümmerfraktur im Ellenbogen." Das war eine harte Strafe für mich! Ein tiefer Schlag. Unheimlich schmerzhaft traf er mich mitten ins Herz. Damals sah ich das wahrhaftig als eine Strafe für mein Fehlverhalten und meiner daraus resultierenden Lieblosigkeit gegenüber dem Pferd. Ein wehrloses Tier, das auf mich, meine Reaktionen und mein Verhalten gegenüber seiner eigenen Seele angewiesen war. Benutzt hatte ich die Hilflosigkeit des Tieres mit meinen gemeinen Gedanken ihm gegenüber. Charisma ist mir doch im Grunde genommen hilflos ausgeliefert gewesen, wenn wir es einmal ehrlich betrachten. Jedenfalls...Unverzeihlich mein Benehmen gegenüber des Tieres! Ein wertvolles Pferd entsprach nicht meinen Wünschen und ich lehnte es auf Grund dessen ab. Charisma ist für mich nicht liebenswürdig gewesen, weil ich ihrem Temperament nicht gewachsen war. An mir hätte ich arbeiten müssen, nicht das Pferd für seine Charaktereigenschaften verurteilen dürfen! Charisma hätte ich doch einfach so akzeptieren können, wie sie war. Vielleicht wären wir doch noch ein gutes Team zusammen geworden! Wenn ich ihr und mir einfach die Zeit gegeben hätte. Die Zeit, um zueinander zu finden und gemeinsam miteinander zu harmonieren. Jetzt blieb mir gar nichts mehr von dem Pferd. Ein Pferd mit einer Trümmerfraktur stand in meinem Stall. Die Dramatik in der

Bedeutung "Beinbruch eines Pferdes" kannte ich genau, ich wusste, dass es keine Chance gab. Dass es das Ende bedeutete. Endgültig. Aus und vorbei! Charisma konnte ich nur noch zum Schlachter bringen! So kam es dann auch. Der Tierarzt fällte sein Todesurteil über das Pferd und ich hatte die Wahl. Entweder Einschläfern oder Bolzenschuss. Eine kostspielige Operation kam nicht in Frage. Beim Aufstehen des Pferdes aus der Narkose wäre die Fraktur wahrscheinlich erneut gebrochen. Der Tierarzt informierte mich hinreichend über unsere ausweglose Situation. Somit entschied ich mich für den Bolzenschuss. Schnell beenden wollte ich es. Charisma sollte nicht noch leiden müssen. Dazu musste ich Charisma allerdings in den Hänger verladen und in den Nachbarort fahren. Der Termin mit dem Schlachter dort war bereits ausgemacht. Welch ein Horror! Der schlimmste Albtraum wurde meine Realität. Mein eigenes Pferd töten zu müssen... Für jeden Pferdebesitzer das nackte Grauen. Ich selber konnte das überhaupt nicht übers Herz bringen. Niemals hätte ich Charisma einfach in den Hänger aufladen und zum Schlachter fahren können. Neben ihr stehenbleiben, bis der Schuss fiel und sie tot umgefallen wäre?! Nein! Unmöglich! Auch wenn Charisma nicht meine große Pferdeliebe gewesen ist, sie war mein Pferd und mein Pferd konnte ich nicht zum Töten fortbringen. Das Einschläfern ist aufgrund meiner kleinen Tochter damals für mich überhaupt keine Alternative gewesen. Den Anblick eines toten Pferdes auf unserem Hof, den wollte ich ihr ersparen. Ebenso hätte es mir das Herz zerrissen, mit ansehen zu müssen, wie man Charisma einschläferte. Mit anzusehen, wie der LKW mit dem großen Kran kurz darauf gekommen wäre und Charisma zum Abtransport in die Seifenverarbeitungsfabrik oder wohin auch immer gebracht hätte. Noch schlimmer fand ich den Gedanken, mein Pferd zu Hundefutter verarbeiten zu lassen. Aus meinen Kindheitserlebnissen erinnerte ich mich an den Pferdeschlächter in unserem Ort. Herzlos schnitt er den Pferden im wahrsten Sinne des Wortes einfach die Hälse durch und ließ sie ausbluten. Direkt auf der Koppel wenn es sein musste. Bei einem der Pferde, die er im wahrsten Sinne des Wortes "geschächtet" hatte, bin ich vor über 30 Jahren als Kind Zeuge gewesen. Diese grauenvollen Bilder vergaß ich nie wieder. Eine Freundin erklärte sich bereit, diese Horroraufgabe für mich zu übernehmen. Sie wollte den Anhänger mitsamt Charisma zum Schlachter fahren und so lange bei Charisma bleiben, bis diese erlöst war. Wir saßen in der Küche und tranken Kaffee, plauderten und versuchten uns irgendwie abzulenken. Wie makaber, wenn ich heute an diesen Tag zurückdenke. Wir machten beide gute Miene zum bösen Spiel. Wie absurd. Als es dann soweit war und wir Charisma verladen wollten, traf meine Freundin das erste Mal auf die Stute. Nie zuvor sind sich die beiden begegnet. Sie blickte Charisma ins Auge. Betrachtete die Vorderbeine des Pferdes, strich Charisma über den Kopf und sagte zu mir: "Dieses Pferd fahre ich nicht weg! Die Stute will leben, siehst du das nicht in ihren Augen? Siehst du es nicht, das Leben in diesem Pferd? Wenn du Charisma schlachten möchtest, bringe sie bitte selber weg! Ich kann das nicht, dieses Pferd töten! Erwartet habe ich ein Pferd, das leidet, das erlöst werden möchte. Ein Pferd, das den Kopf hängen lässt vor Schmerzen. Vor mir steht ein starkes Pferd mit klaren Augen und es macht mir nicht den Eindruck, als ob es sterben möchte!" Meine Freundin reichte mir das Halfter und den Führstrick. Für einen Moment traf mich Sprachlosigkeit und völlige Verwirrung. Wie bitte? Machte sie Spaß? Wollte sie Zeit gewinnen? Mich trösten? Das konnte kein Trost sein. Charismas Bein war hinüber. Der Knochen in zig Einzelteile zerlegt worden. Das Röntgenbild sprach eine deutliche Sprache. Charisma litt an starken Schmerzen und musste deshalb zeitnah erlöst werden. Sollte ich den Pferdeschlachter etwa zu mir nach Hause bestellen und zusehen, wie er herzlos und ohne jegliches Gefühl Charisma auf seinen LKW des Todes verladen würde? Nein, das konnte ich dem Pferd nicht antun. Vielleicht schien das jedoch die bessere Idee, als Charisma selbst dorthin zu bringen. So schlimm es für uns alle gewesen ist in dem bitteren Moment der Wahrheit. Charisma musste weg von meinem Hof, sie musste erlöst werden, es führte kein Weg daran vorbei. Die offene Frage blieb "Wie" und "Wer" sollte das erledigen? Ratlos und entsetzt blickte ich meine Freundin an. Charismas Blick damals, als meine Freundin Petra und ich vor ihrer Stallbox standen und uns beratschlagten, wie wir mit der Stute verfahren sollten. Ich glaube, Charisma wollte uns damals signalisieren, dass sie den ganzen Wirbel um sie herum gar nicht verstehen konnte, denn ans Sterben dachte sie persönlich überhaupt nicht! Tja, da war wirklich guter Rat teuer. Meine Freundin wollte nicht, ich konnte nicht. Was sollte ich also tun? Was sollte mit Charisma geschehen? Die Worte meiner Freundin Petra berührten und stimmten mich nachdenklich. Einerseits war ich unheimlich sauer und enttäuscht, dass sie Charisma nicht fahren wollte. Erschrocken natürlich auch über ihre Aussage, dass Charisma den Anschein machte, dass sie leben wollte, anstatt zu sterben. Natürlich hätte auch ich dem Pferd lieber eine Überlebenschance ermöglicht, wenn es einen Weg gegeben hätte, als es umzubringen. Die gab es aber nicht! Wut und Traurigkeit vermischten sich mit meinem Entsetzen, dass meine Freundin Petra sich dagegen wehrte, Charisma zum Schlachter zu fahren. Immerhin hatte sie mir das versprochen, die traurige Aufgabe zu übernehmen. Was war es in den Augen des Pferdes? Sprachen sie wirklich eine deutliche Sprache? Hatte sie tatsächlich Recht, meine Freundin Petra? Stand in Charismas Augen, dass sie leben wollte? Leben um jeden Preis!? Konnte ich das denn nicht lesen oder wollte ich es nicht? Mit den Tränen kämpfte ich. Würde ich Charisma umbringen, gäbe es kein Zurück mehr, das hätte ich niemals wieder ungeschehen machen können. Mein Blick suchte den des Pferdes. Charismas Blick aus ihren treuen und warmherzigen Augen trafen mich mitten ins Herz. Das Leben konnte grausam sein. Ja, es stand in Charismas Augen geschrieben und jeder Mensch mit nur etwas Gefühl konnte das auch in ihnen lesen. ..Wenn er hinsah...! Sieh in

ihre Augen hinein! Diese sprachen eine ganz deutliche
Sprache: Charisma wollte leben und nicht sterben!

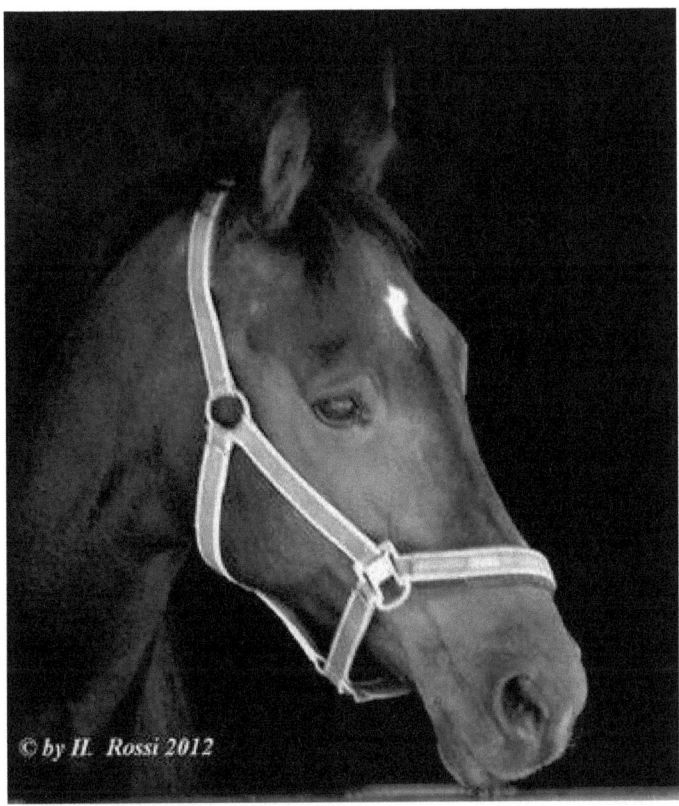

© by H. Rossi 2012

Nach Rücksprache mit dem Tierarzt, ob es tatsächlich keine
andere Möglichkeit gab, als Charisma zu töten, sagte dieser,
wir könnten versuchen, Charisma für mindestens sechs
Monate in ihrer Box einzusperren. Wir müssten jedoch dafür
Sorgen tragen, dass sie sich nicht hinlegen konnte. Anfangs
hielt ich seine Aussage für einen Witz. Für einen sehr
schlechten. Wer Ahnung von Pferden hat, der weiß, dass das
beinahe unmöglich ist. Pferde sind lauffreudige Tiere. Ihr

Organismus ist auf Bewegung ausgerichtet und nicht auf den totalen Stillstand. Charisma also sechs Monate lang angebunden in der Box einsperren? Das schien mir Tierquälerei und aussichtslos ebenfalls. Solch ein schweres Tier musste sich hinlegen. Es konnte doch nicht über so einen langen Zeitraum sein eigenes Körpergewicht tragen, ohne auszuruhen. Das hätte selbst ein gesundes Pferd nicht schaffen können. Es vergingen genau drei Tage, an denen ich mich immer wieder zu Charisma in die Box setzte und versuchte ihr zuzuhören, was sie mir zu sagen hatte. Eine Entscheidung musste getroffen werden. Emotional besonders intensive Tage waren das für mich. Mein Gott, das Leben konnte wirklich grausam sein, wenn du als Mensch plötzlich über Leben und Tod entscheiden solltest. Eigentlich war es meine Pflicht, das Leiden eines hilflosen Tieres zu beenden! Es jedoch hinauszuzögern? Durfte ich das? Hatte ich das Recht dazu? Auf ein Wunder hoffen, konnte ich das? Charisma sollte leben!! Egal was passieren würde, ich versuchte das Unmögliche. Ging die Sache schief, töten konnte ich die Stute immer noch. Nach meiner Entscheidung, Charisma sollte leben, stand das Pferd wie mit dem Tierarzt besprochen, angebunden auf einer Stelle in seiner Box, beinahe völlig bewegungsunfähig. Ein Heunetz hing ich der Stute vor ihre Nase, damit sie beschäftigt war. So zogen die Tage und Wochen ins Land. Während Charismas Pferdekumpels den Sommer auf der Weide verbrachten, harrte die Stute eisern in ihrer Box aus. Charisma muckte nicht auf. Nicht einen Tag schimpfte oder jammerte sie über ihr Schicksal. Nie wurde sie ungeduldig. Ich glaube, Charisma wusste genau, was mit ihr geschah und was auf dem Spiel für sie stand. Ihre Augen. Ihr Blick. Immer fröhlich. Immer gut gelaunt. Aufmerksam war sie, die Stute! Sie beobachtete genau die täglichen Abläufe im Stall. Ebenso beobachtete sie mich. Jede meiner Bewegungen. Keine Einzelheit entging ihr. Niemals wirkte dieses Pferd traurig oder gar niedergeschlagen. Unzufrieden, noch garstig! Nein! Trotz der starken Schmerzen, die Charisma anfangs erleiden musste, blieb sie unglaublich tapfer. Absolut entschlossen zu leben war sie, diese wahnsinnig starke Stute. Die Entschlossenheit beschrieb dieses Pferd bestens. Ihren Weg zog Charisma gnadenlos durch. Sie tat mir so unendlich leid. Ihr Schicksal ging mir sehr nahe und zu Herzen. Natürlich nicht nur mir. Jeder Mensch, der Charismas Geschichte kannte, verteilte eine große Portion Mitleid an mich und an das Pferd. Helfen konnte uns jedoch niemand. Deren Mitleid schon gar nicht. Wenn ich mit Charisma sprach, dann war es, als sagte sie oftmals zu mir: „Anais, sei nicht traurig, alles wird gut! Ich schaffe das! Bitte nicht weinen! Bitte glaube an mich! An uns!" Ja, verdammt was habe ich geweint. Meistens aus Ehrfurcht und Respekt vor diesem außergewöhnlichen Pferd. Mein schlechtes Gewissen und die Schuldgefühle gegenüber Charisma brachten mich an manchen Tagen beinahe um. Natürlich spürte Charisma, dass sie zu ihren gesunden Zeiten nicht wirklich willkommen gewesen ist in meinem Leben. In dieser fast aussichtslosen Lage, in der sich das Pferd befand, war es, als tröstete mich das Tier über meinen eigenen Schmerz hinweg. Dabei erlitt es selbst Schmerzen. Paradox oder? Der Bruch des Ellenbogens schmerzte Charisma sicherlich höllisch. Schmerzmittel gab ich der Stute damals keine, damit sie bloß nicht auf die Idee kam, sich in der Box vielleicht doch noch hinzulegen. Das wäre ihr sicheres Todesurteil gewesen. Natürlich weinte ich aus Traurigkeit. Hilflos fühlte ich mich. Konnte dem Lauf der Dinge nur gelähmt zusehen und das Beste hoffen. Manchmal träumte ich nachts, dass sich Charisma in ihrer Box hingelegt hatte. Kerzengerade schoss ich aus dem Bett und lief zum Fenster. Von meinem Schlafzimmerfenster aus konnte ich direkt hinaus zu ihrer Box sehen. Charisma aber stand wie angewurzelt hinter der Stalltür. Tag und Nacht. Bewegungslos. Sie machte nicht einmal den Versuch, sich loszureißen oder niederzulegen. Nachts lag ihr Kopf auf der Stalltür ihrer Aussenbox gelehnt. Die Augen geschlossen. So schlief diese Stute. Welch ein zu Herzen gehender Anblick. Man war machtlos gegenüber den Dingen, die da ihren Lauf nahmen, fühlte sich ohnmächtig, es gab nichts tun...außer zu hoffen und zu beten. Dieser Schmerz, ein Tier in dem Zustand zu erleben. Es zerriss meine eigene Seele. Meine Güte, was war ich verzweifelt. Warum schlug das Schicksal so grausam zu? Charisma hatte doch niemandem etwas Böses angetan. Womit verdiente sie dieses traurige Schicksal? Die Schuld suchte ich stets bei mir. Meine Selbstsucht, meine Verachtung gegenüber dem Pferd. Wie sollte ich das, was geschehen war, jemals wieder gutmachen können? Einen erbitterten Kampf führte ich. Ging sehr hart mit mir ins Gericht. Weinte aus Scham und Wut über mein eigenes Verhalten. Charisma ist so "taff" und hart im Nehmen gewesen. Sie war wirklich äußerst zäh und widerstandsfähig. Kein anderes Pferd, das je in meinem Besitz gewesen ist, war annähernd so kraftvoll wie diese Stute. Das Pferd ist während der schweren Zeit eindeutig belastbarer gewesen als ich es war. Auch im Herzen. Solch ein Schicksal zu verkraften, da gehörten Mut, Ausdauer, Stärke und ein phänomenaler Wille dazu. Charismas eiserner Wille zu leben, machte mir das Herz schwer. Mein Respekt und die Achtung gegenüber der Stute wurden grösser und grösser. Ehrfurcht und Demut überkamen mich. Charisma war ein besonderes Pferd. Großartig und wundervoll. Einzigartig in ihrem Verhalten während der Zeit ihrer Erkrankung. Das zeichnete ihre Liebenswürdigkeit aus. Dass Charisma nichts anderes als meine Liebe verdiente, das begriff ich, als wir beide notgedrungen aufeinander angewiesen waren. Charisma deshalb, dass ich sie nicht aufgab und sie doch noch hätte sterben müssen, weil ich vielleicht die Nerven verlor. In einem gewissen Abhängigkeitsgefühl stand ich Charisma gegenüber, weil ich unsere "Geschichte" zu einem guten Ende bringen wollte. Meiner Meinung nach bin ich dem Pferd das schuldig gewesen. Also lag es allein in meinen Händen, alles dafür zu geben, dass Charisma wieder gesund wurde. Das Tier lehrte mich nebenbei ganz wichtige Dinge während unseres gemeinsamen Weges: Respekt, Ehrfurcht und Demut gegenüber einem Lebewesen. Außerdem, wie es um Vorurteile im Leben bestellt war. Charisma lehrte mich, "sie" zu lieben. Ein Tier lehrte mich, es zu lieben. Aufrichtig zu lieben. Bedingungslos. Klasse oder? Ihre Selbstlosigkeit meiner Person gegenüber war beispielhaft. Zum Niederknien. Charismas Charakter war einzigartig und wundervoll. Dieses Pferd verdiente mehr als "nur" meinen Respekt und meine Achtung. Selbst wenn sich diese Tragödie auch „nur" zwischen einem Menschen und einem Tier abspielte. Das Drama um dieses Pferd lehrte mich so vieles in der Zeit. Charisma lehrte mich ebenfalls, ein anvisiertes Ziel nicht aus den Augen zu verlieren und für dieses Ziel zu kämpfen! Mit allen Mitteln. Unser beider Durchhaltevermögen war beachtlich. Halt und Kraft fand ich während des Weges in Charisma selbst. Charismas eiserner Wille, um jeden Preis überleben zu dürfen, trieb mich an, weiterzumachen. Tag für Tag. Woche für Woche. Wer nicht wagt, wird niemals gewinnen! Das wunderbare Wort "Verzeihung" ließ mich Charismas Geschichte ebenfalls genauer hinterfragen. Hinsichtlich meiner eigenen Person. Charisma hatte mir meine Nichtsympathie ihrer eigenen Seele längst verziehen. Wahrscheinlich hatte sie mir das nicht einmal übel genommen! Während ich für die Stute also nicht wirklich Sympathieträger gewesen bin, akzeptierte und respektierte Charisma mich ohne Kompromisse. Bedingungslos. Grandios, in einer schwierigen Lebenssituation oder nennen wir es auch Krise, eine Reise ins eigene "Ich" zu unternehmen. Nichts anderes durchlebte ich mental auf der Reise des Schicksals mit Charisma an meiner Seite. Kämpfen, um das Ziel am Ende eines steinigen Weges zu erreichen, den Charisma und ich gemeinsam durchstehen mussten! So lautete meine Aufgabe, die mir jeden Morgen beim Aufstehen wieder und wieder bewusst in den Kopf schoss. Tränen und Traurigkeit überkamen mich häufig. Zwischendurch schwächelte ich immer wieder, wollte aufgeben. Alles hinschmeißen. Kapitulieren. Meine Nerven hielten dem Druck kaum noch stand. Mein Gewissen signalisierte mir, dass es für Charisma ein unwürdiges Leben war. Angebunden und bewegungslos in ihrem Boxenknast. Die Höchststrafe für ein Pferd, diese absolute Bewegungsunfähigkeit. Grausam mein Verhalten und unmenschlich, was ich dem Pferd antat, mit meiner Entscheidung, es einfach wegzusperren. Darüber durfte ich damals nicht weiter nachdenken. Unter Charismas Hufen krabbelten bereits die Maden. Hufe auskratzen war nicht möglich, sie durfte das gebrochene Bein nicht zu stark belasten. Jeden Tag, Stunde um Stunde, nur auf einer Stelle stehen zu müssen, wie grausam! Stellt Euch das einmal vor. Jeder der ein Pferd besitzt! Hättet ihr das geschafft? Euer geliebtes Tier einzusperren für fast 200 Tage? Vergesst bitte nicht, ihr hättet zusehen müssen, wie ihr aus einem Lebewesen, das zum Laufen geboren war, ein unbeweglich versteinertes "Etwas" gemacht hättet. Ein "Etwas" das nicht mehr der Natur des Tieres entsprach. Das ertragen zu können und ansehen zu müssen...Sterben zu dürfen, hielt ich ehrwürdiger für Charisma als in ihrem Gefängnis dahin zu vegetieren. "Verrotten" hätte man es auch nennen können. Zwischendurch spielte ich mit dem Gedanken, den Zustand tatsächlich zu beenden. Natürlich gab es damals auch Menschen, die mich aufrichtig darum baten, Charisma zu erlösen. "Dem Leiden des Tieres ein Ende zu setzen". Trotz alledem hielt ich irgendwie weiter durch. Allen Widrigkeiten zum Trotz, ignorierte ich die Menschen, die an unserem Stall entlang kamen, weil sie dort zufällig spazieren gingen und mich mit lästigen Fragen bombardierten. Warum das Pferd festgebunden in der Box stehen musste. Was mit dem Pferd passiert war. Warum es einen Unfall erlitten hatte und ob es die Idee meines Tierarztes gewesen wäre, ein Pferd in der Box monatelang angebunden einzusperren. "Hirnverbrannt", beschimpften mich einige mir völlig fremde Menschen. Tag für Tag hoffte ich, dass nicht jemand vom Tierschutzverein vorbei kam. Man hätte mich unter Umständen zwingen können, Charisma zu töten. Meine Methode der

"Pferdehaltung" in Charismas Zustand mit einem gebrochenen Bein war zu dem damaligen Zeitpunkt sehr fragwürdig. Äußerst brisantes Thema in der Rubrik "Tierschutz". Auf sehr dünnem Eis bewegte ich mich. Dessen war ich mir bewusst. Zu meinen seelischen Schmerzen über das Leid des Pferdes und all dem Kummer kam das Wissen um die Gefährlichkeit der Angelegenheit erschwerend hinzu. Charisma hätte jederzeit durchdrehen und der Knochen völlig "bersten" können, wenn die Stute die Nerven verloren hätte eines Tages. Ein Pferd in solch einem gesundheitlich schlechten Zustand bedeutete nichts anderes, als eine tickende Zeitbombe. Gewissensbisse und die Frage nach dem, was richtig und was falsch gewesen ist, beschäftigten mich damals Tag und Nacht. Wer hätte mir diese Frage jemals beantworten können? Töten des Pferdes oder aber der waghalsige Versuch, den Bruch einfach verheilen zu lassen? Dem Tier lediglich Zeit zu geben? Selbst ein Amtstierarzt hätte keine eindeutige Entscheidung treffen können, bei der er sich sicher sein konnte, dass es die richtige gewesen wäre. Bei Charisma handelte es sich nicht um irgendein Pferd wie jedes andere. Ihr Schicksal ließ sich nicht anhand irgendwelcher tierärztlichen Erfahrungen aus Lehrbüchern pauschalisieren. Wir befanden uns in einer Art Versuch. Experiment hätte man es auch nennen können. Versuch machte klug oder so etwas in der Art. Experiment mit ungewissem Ausgang. Mein damaliger Freund besaß den Waffenschein. Er war berechtigt, im Notfall zu schießen oder jemanden zu erschießen. Er hätte Charisma im Ernstfall also auch erschießen können. Ob mich das damals beruhigte? Jederzeit hätten wir es beenden können! Ich glaube wenn ich heute zurückdenke, ja das hat es! Dass wir scheitern würden, davon ist mein Tierarzt damals überzeugt gewesen. Ins Gesicht sagte er mir das allerdings nicht. Falls er es getan hätte, hätte mich das von meiner Vorgehensweise abgehalten? Hätte es Charismas Geschichte wesentlich verändert in ihrem Ausgang? Ich weiß es nicht. Wahrscheinlich ja...! Ein ganz großes Danke an ihn, dass er das damals für sich behalten hat.

Für sich behalten, dass er weder an Charisma noch an mich geglaubt hat. Mittlerweile war es mir zu einem regelrechten Bedürfnis geworden, für und um dieses Pferd zu kämpfen. Für Charismas Leben alles zu geben, was in meiner Macht stand. Ganz egal wie und wo er enden mochte unser Weg. Charisma und ich würden ihn gehen, bis zum bitteren Ende. Das war mein Entschluss. Die Stute hatte stets einen klaren Blick. Aufgeweckt war ihr Verhalten. Es ging ihr scheinbar gut. Dessen war ich mir sicher und mein Gefühl bestärkte mich, weiterzumachen, denn wir konnten das tatsächlich schaffen. Charisma hatte wahrhaftig eine reelle Chance! Damals verbrachte ich den größten Teil meines Tages mit Charisma. Mein Tag gehörte dem Pferd. Meine Gedanken und Gefühle ebenfalls. Wäre es Charisma wirklich schlecht gegangen, dann hätte ich sie erlöst. Ja! Natürlich. Dass ich auch den Weg des Tötens immer noch hätte gehen müssen, das ist mir bewusst gewesen. Jederzeit, jeden Tag, jede Stunde konnten unvorhergesehene Dinge mit Charisma geschehen. Das Pferd hätte Kolik, Lymphangitis, oder im schlimmsten Fall eine Lungenentzündung bekommen können. Welch ein Wunder, denn alles lief reibungslos gut. Charisma meisterte ihr Schicksal mustergültig. Fast vorbildlich. Zum Sterben bestand keinerlei Anlass. Vom Tod entfernten wir uns Tag für Tag ein wenig mehr... Gib nicht auf Anais, dieses Pferd glaubt an dich! Charisma liebt und braucht dich, sprachen meine Gedanken zu mir. Die Stimme meiner Seele sprach aus meinem Herzen. Verrückt oder?! Ziemlich crazy die Story um dieses Pferd. Ein Pferd machte mir Mut. Mut, es nicht aufzugeben und es liebte mich! Charisma liebte mich, egal wie ich mich entschieden hatte. Tod oder Leben für diese Stute, Charisma hätte mich so oder so geliebt, immer! Entscheidungsunabhängig. Auch wenn ich Charisma getötet hätte. Das Schicksal eines Pferdes lag allein in meinen Händen. Charisma liebte mich, trotz dass ich sie nicht liebte. Zumindest tat ich das nicht am Anfang unseres Weges, vor ihrem Unfall. Das war der Anfang unseres Weges in der Geschichte und ihr trauriger Inhalt. Ein sehr trauriger und beschämender! Wenn wir nicht einfach immer weiter gegangen wären und sich langsam aber sicher alles zum Guten gewendet hätte.

Bewegten wir uns in die Richtung eines Happy Ends? Woher sollte ich das wissen? Wissen, dass alles gut werden würde? Zu wissen, wo endete der Weg? Charisma plötzlich lieben zu können, trotz, dass sie mir nie wieder das Ideal sein konnte, das ich mir immer gewünscht hatte, machte mich sehr glücklich. Von dem ersten Tag an, als Charisma und ich uns begegneten, ist es mein Wunsch gewesen, ein tolles Springpferd zu besitzen. Mit ihr. Dieser Stute. "Charisma". Mein Wunsch, "es allen noch einmal zu zeigen!" Der Traum zerplatzte durch das tragische Schicksal, das Charisma ereilte. Der zerplatzte Traum spielte einige Wochen später auf einmal schlagartig überhaupt keine Rolle mehr für mich. An dieser Stelle der Geschichte nahmen auch meine Schuldgefühle gegenüber Charisma etwas ab. In Charisma ruhten damals all meine Hoffnungen, mein sehnsüchtiges Comeback, mein

Erfolg. Meine Leistung noch einmal unter Beweis stellen zu können. Anfangs der Geschichte war ich egoistisch und selbstsüchtig in meinem Verhalten. Verachtung schenke ich mir heute noch in dem Kapitel der Geschichte. Dazu möchte ich sagen, in meinem Leben gab es nur zwei Pferde mit Beinbruch. Leandra und Charisma. Für Leandra kam damals jede Hilfe zu spät. Sie musste sofort eingeschläfert werden. Der Bruch hatte sich bereits im Knochen infiziert, es war eine offene Fraktur. Da hast du als Pferdebesitzer keine Chance. Kein Tierarzt hätte das operiert. Leandra wurde mir grausam vom Schicksal entrissen. Nichts blieb mir. Außer der Traurigkeit um den Verlust meines geliebten Pferdes. All die anderen Pferde, die nach Leandra folgten, versuchte ich mit der Stute zu identifizieren, aber keines ist auch nur annähernd gewesen wie sie. Leandra zu verlieren, war der schlimmste Einschnitt in meinem Reiterleben. Charisma jedoch blieb mir! Wir stellten uns entschieden gegen das Todesurteil trotz ihres Beinbruchs. Wir versuchten etwas Wundervolles. Nämlich, an das Gute im Leben zu glauben. Hofften auf ein Wunder. Damit tröstete ich mich damals unheimlich, dass sie mir erhalten geblieben ist. Selbst mit dem Wissen, dass sie zu gar nichts mehr taugen würde. Noch nicht einmal mehr als Reitpferd für in den Wald zu juckeln. Charisma wäre im Idealfall nur noch ein Pferd zum Angucken, zum Liebhaben gewesen. Auf der Koppel. Das war völlig in Ordnung. Sie war da, an meiner Seite, Charisma lebte und das reichte mir aus! Auf einmal bist du im Leben mit viel weniger zufrieden und glücklich. Du hast gelernt, wie wertvoll die Dinge im Leben sein können und wie schnell du sie wieder verlieren kannst. Wie zerbrechlich sie sind. Morgens nach dem Aufwachen, sprang ich aus dem Bett, schob die Gardine beiseite, sah aus dem Fenster und erblickte "meine Charisma". Fröhlich war sie. In ihrem Blick erkannte ich das. Ihren Namen rief ich hinaus auf den Hof durch das geöffnete Fenster. Charisma hob den Kopf und wieherte mir freudig zu. Obwohl sie immer noch angebunden auf einer Stelle in ihrer Box stand, war sie zufrieden und ausgeglichen. Tag für Tag. Vom Sommer in den Herbst und vom Herbst gingen wir gemeinsam in den Winter. Die Schneegänse beobachteten wir, als diese Richtung Süden zogen. Charisma erfreute sich eines wundervollen Ausblickes aus ihrer Box. Sie bewohnte eine der Aussenboxen mit "Promenadenausblick". Ihren Kopf hielt ich liebevoll in meinen Armen. Charisma liebte es, von mir gekuschelt zu werden. Aufmerksam blickte sie zum Himmel hinauf, an dem die Gänse entlang ihre Bahnen zogen. Der nahende Winter ließ sich in der kalten Luft schmecken. In solchen Momenten des Lebens spürte ich Glück im Herzen. Klare Luft, blauer, sternenklarer Himmel und deinen eigenen Atem als neblige Dunstwolke zu den Sternen hinaufsteigen zu sehen, was brauchst du mehr im Leben zum Glücklich sein? Zu Charisma sagte ich: "Wenn sie zurückkommen die Gänse, dann wirst du längst wieder auf der Weide galoppieren und alles wird so sein, wie ich es mir für dich wünsche! Du wirst frei und glücklich sein!" Charismas Anblick machte *mich* glücklich. Tag für Tag. Charisma ist alles für mich gewesen. Alles, was mir etwas bedeutete in meinem Leben. Mein Gott, wie sehr liebte ich dieses Pferd. Kann sich jemand vorstellen, wie es sich anfühlt? Die Erfahrung zu machen, wie viel mehr es dir plötzlich bedeutet, dass du auf einmal viel weniger besitzt als du vorher besessen hast? Weil du weißt, dass du mit gar nichts hättest dastehen können? Diese Erfahrung ist einzigartig. Seit ich sie gemacht habe, bin ich im Leben generell viel gelassener geworden. Ruhiger und ausgeglichener. Einfach glücklicher. Das ist auch eine Art von Freiheit. Innerliche Befreiung. Das Schicksal drehte den Spieß auf einmal um und ich fand mich in einer völlig anderen Situation wieder! Ein Mensch, in dem Falle ich, bin von einem Tier geliebt worden, trotz dass ich mich einfach nur grausam und ungerecht gegenüber diesem verhalten hatte. Das ist schon... naja, mir fehlen gerade die passenden Worte. Kann man sich denken oder? Nicht, dass ich Charisma jemals geschlagen oder absichtlich schlecht behandelt hätte. Nein. Natürlich nicht!

Ein schrecklicher Unfall musste jedoch erst geschehen, damit sich meine Augen und mein Herz für Charisma öffneten. Das war schlimm genug, um meine Schuldgefühle an die Spitze des Möglichen zu treiben. Es noch ertragen und aushalten zu können! Schrecklich grausam. „Gewissensbisse pur!" Das schlimmste Gefühl, das dir passieren kann im Leben ist, wenn du plötzlich gespiegelt wirst und feststellst, dass du dich unmöglich benommen hast! Du erschreckst dich zutiefst vor dir selbst. Charisma hatte mich auf eine Art gespiegelt. Die Erkenntnis tat weh. Sie hinterließ eine Wunde in meinem Herzen. Eine schlecht heilende. Diese Narbe bleibt für den Rest meines Lebens in meiner Seele. Jedes Mal wenn der Tierarzt zu uns auf den Hof kam, fragte er, wo das Pferd mit der Trümmerbruchfraktur sei! Wenn ich ihm die Stute zeigte, sagte er fassungslos: „Das glaube ich nicht! Das Pferd hat kein Gramm Muskulatur verloren, dieses Pferd hat vom auf der Stelle stehen keine dicken Beine. Dieses Pferd sieht nicht unglücklich aus, dieses Pferd ist ein Wunder! Das kann nicht das Pferd mit der Fraktur sein! Unmöglich!" Tatsächlich schaffte ich es, Charisma sechs Monate angebunden in der Box zu halten, ohne dass sie sich hinlegte. Es war schon im November, die Weidezeit längst vorbei. Charisma durfte sich nach dieser langen Zeit endlich wieder hinlegen. Der Bruch musste stabil genug sein, um die Belastung aushalten zu können, sollte sich das Tier niederlegen. Charisma konnte ich im Stall somit erstmals losbinden. Dieser Moment! Zu wissen, das Allerschlimmste war ausgestanden. Endlich! Er fühlte sich unbeschreiblich gut an und so verdammt zeitlos. Was danach kommt und wie es weitergehen würde mit Charisma, daran dachte ich nicht. Der Tierarzt und ich waren uns sowieso einig gewesen, dass Charisma dauerhaft unreitbar sein und sie unter Belastung garantiert lahmen würde. Bis Charisma überhaupt erst einmal wieder Laufen durfte und konnte, was ich sehr hoffte für die Stute, war es noch ein weiter Weg. Sollte sie lahmen, weil sich ihre Muskeln verkürzt hatten, das war mir unwichtig. Wichtig war mir nur, dass Charisma lebte. Mein

Gott, wir hatten es geschafft! Tatsächlich hatten wir 6 Monate Anbindehaltung hinter uns liegen. All die schlimmsten Befürchtungen waren ausgestanden. Die Befreiung aus der totalen Isolation für Charisma. Welch ein Ereignis! Das sind Momente im Leben, die du nie wieder vergisst! Da möchte man am liebsten schreiend im Kreis rennen, die Faust gen Himmel heben und juchend die ganze Welt umarmen! Das Victoryzeichen stand jedenfalls in meinem Augen, das könnt ihr mir glauben.

Dezember 2012...

Charisma durfte erstmals aus ihrer Box hinaus und täglich außerhalb ein wenig herumgeführt werden, mit langsamer Steigerung. Die Stute war so unendlich brav. Jedes andere Pferd wäre wahrscheinlich kopflos davon geschossen oder hätte mich umgerannt aus Freude über die wieder gewonnene Freiheit. Bei den Witterungsverhältnissen, die Straße an meinem Stall war teilweise glattgefroren, hätte Charisma auch stürzen können. Nicht auszudenken, wenn sie ausgerutscht wäre. Pferde können ihrem "Leittier Mensch" gegenüber schon mal sehr stumpf sein. Vor allem, wenn sie lange Zeit ihrem Bewegungsdrang nicht nachkommen durften. Unberechenbar und gefährlich können Pferde in diesen Situationen werden. Da kann es lebensgefährlich sein, ein solches Pferd spazieren zu führen. Gehorsam lief Charisma neben mir die Straße auf und ab. Ihren Auslauf konnten wir Schritt für Schritt erweiterten, indem wir ihr auf der Weide einen kleinen Paddock bauten. 4 x 4 Meter groß. Dort durfte sich Charisma stundenweise auf ihren „ihren großen Tag" vorbereiten und glaubt mir, auf den wartete sie geduldig. Charisma spürte instinktiv, dass er kommen würde. Der Tag, an dem sie wieder laufen durfte!

Nach den vielen Tagen des An-der-Hand-Führens, kam
schließlich der Tag, an dem Charisma auf die Koppel hinaus
durfte. Diese war mittlerweile schneebedeckt. Aufgeregt war
ich. Das war ein Ereignis für mich, als würde die Berliner
Mauer ein zweites Mal fallen. So muss man sich diesen
Moment vorstellen. Nicht dass ich den Mauerfall live erlebt
hätte, aber dieses Ereignis, dass Charisma wieder laufen
durfte, war für mich vor 4 Jahren "Weltbewegend". Wir haben
"den Moment" damals auf Video festgehalten. Es gibt eine
Seite auf Facebook von "Charisma", dort ist das Video
eingestellt. Das muss man einfach mal angesehen haben, dann
weiß jeder Mensch, wie ein glückliches Pferd aussieht. Auch
diejenigen, die gar keine Ahnung von Pferden haben. Das
leise, kaum hörbare Klicken des Schnappers vom Führstrick.
Halfter und Strick trennten sich. Im selben Moment schoss
Charisma los. Sie galoppierte und tobte durch den Schnee, als
hätte sie nie etwas anderes in ihrem Leben getan. Voller
Freude buckelte sie und keilte aus. Ihre Beine flogen hoch
durch die Luft. Die Freudensprünge wollten gar nicht mehr
aufhören. Mit Hingabe verfolgte ich jede ihrer Bewegungen.

Gerührt war ich und fassungslos zugleich, das Schauspiel erleben zu dürfen. Charisma tollte ausgelassen und munter durch den Schnee, als hätte sie nie etwas anderes getan in den letzten 7 Monaten. Zwischendurch lief sie zu mir an den Zaun, hielt kurz inne, leckte meine Hand und preschte wieder auf und davon. Sie schnaubte wie ein Wildpferd. Charisma war so unheimlich happy an dem Tag. Unbeschreiblich emotional und herzzerreißend ist diese Szene für ihren Betrachter gewesen! Dieser Moment, nach 7 Monaten Gefängnis kam die Freiheit für Charisma zurück. Unvergessen! Für immer ins Herz gebrannt all jener, die dabei gewesen sind! Welch eine Geschichte! In dem Moment als das Pferd nach dem monatelangen Horrorszenario über die Weide galoppierte, wusste ich, Charisma war das Beste, das mir mein Leben jemals geben konnte. Mein Freund, meine Pferdepflegerin, meine Reitbeteiligung, alle nahmen mich herzlich in den Arm, sie waren ebenso ergriffen wie ich und sie freuten sich für mich und Charisma. „Ihr habt es geschafft!" Nie werde ich Lisas Worte vergessen. Die Worte meiner damaligen Pferdepflegerin. "Charisma ist ein Wunder und dass sie wieder laufen darf, ist nur möglich, weil du an sie geglaubt hast! Charisma verdankt dir ihr Leben, Anais!" Die vergangenen Monate waren wie ausradiert, wie weggeblasen. Ein Pferd, das an diesem Tag Geschichte schrieb und sich in die Herzen derer galoppierte, die 7 Monate lang mit der Stute zusammen gelitten hatten. Für mich war dieses Wunder unfassbar. Charismas Geschichte hatte mich zu dem traurigsten und glücklichsten Menschen gleichzeitig gemacht. An diesem Tag weinte ich vor Rührung. Meine Freude war groß. All der Schmerz der vergangenen Monate schien vergessen und all die Mühen hatten sich ausgezahlt. Für nur diesen einen Moment. Charisma wieder in der Bewegung ansehen zu dürfen, dieser Tag bleibt unvergessen. Als Charisma wieder regelmäßigen Weidegang haben durfte nach ihrem verheilten Beinbruch, war es eine Freude, ihr beim Herumtoben zuzusehen. Sie lief voller Stolz, erhaben und sie war frei und unbeschwert. Es war, als hätte es nie diesen tragischen Vorfall vor einem dreiviertel Jahr gegeben. Ein Wunder diese Stute. Es war immer noch Winterzeit, als Charisma wieder täglich mit den anderen Pferden zusammen hinaus auf die Koppel ging. Das Wetter bot nicht unbedingt ideale Bedingungen für ein Pferd, das sich 7 Monate zuvor nicht mehr hatte frei bewegen dürfen und festgebunden im Stall seine Zeit verbracht hatte. Der Boden auf der Weide war hart gefroren und somit sehr uneben. Natürlich hatte ich Angst. Angst, dass der Knochen nicht halten und erneut brechen würde. Angst, dass all das Warten, das Bangen und die Hoffnungen umsonst gewesen waren. Ein falscher Tritt vielleicht und Aus! Vorbei! Irgendwann sprang Charisma dann auf einmal über den Zaun. Einfach so. Das war höchstens zwei Wochen später, nachdem sie überhaupt erstmals wieder hinaus durfte. Vom Einkaufen kam ich. Nachmittags. Alles verschneit, glatte Straßen, die Pferde tobten im Schnee und als sie mein Auto hörten und es schließlich sahen, wussten sie, es gab gleich Futter. Da kam es am Zaun immer zum Gedrängel. Seit jeher. Charisma setzte zum Sprung an...direkt aus dem Stand! Zack!! Mal eben über 1,30 Meter. Meinen Augen traute ich nicht! Puhhhh, das kostete mich als Besitzer Nerven, das sage ich Euch. Verheilter Beinbruch. Winter, Schnee und Eis, gefrorene Weide und Charisma sprang mal eben über den Zaun. Irgendwann sprach ich mit meinem Tierarzt über den Vorfall. Erzählte ihm von Charismas Zaunsprung. Er kam und sah sich Charisma an. Im Stall und in der Bewegung auf der Weide. „Was hast du mit ihr vor? fragte er. „Sie soll eigentlich ein Fohlen bekommen!" „Hatte sie schon ein Fohlen?" „Nein!" „Hast du je darüber nachgedacht, Charisma wieder anzutrainieren und zu reiten?" Dieser Satz und seine Frage ließen mich damals wirklich staunen. Nein! Das hatte ich nicht. Für mich war klar, dass Charisma nie wieder reitbar sein würde. So schade es vielleicht auch war. An dieser Stelle räume ich der Ehrlichkeit halber auch persönlich ein, dass ich nicht wirklich scharf darauf gewesen bin, Charisma wieder zu reiten. Unsere reiterliche Verbindung war einfach nie die beste gewesen, das habe ich am Anfang unserer Geschichte ganz deutlich erwähnt! Ein Fohlen aus der Stute zu ziehen und ihr ein schönes Leben auf der Koppel zu schenken, daran dachte ich. So sah mein Wunsch für Charismas Zukunft aus. Eigentlich...! „Ich hätte zu gerne gewusst, aus medizinischer Sicht, ob es möglich ist, dass dieses Pferd wieder geritten werden kann! Wie sich die Muskulatur entwickelt, unter Aufbautraining und ob sie Muskelverkürzungen aufzeigt die Stute. Natürlich auch, wie sich ihr gesamter Bewegungsapparat durch das lange Stehen in der wiederkehrenden Bewegung verhalten wird. Es wäre für uns Tierärzte wichtig zu wissen, was wir den Besitzern ihrer Pferde mit solch einer eigentlich aussichtslosen Diagnose im Ernstfall raten sollen! An erster Stelle steht doch die sofortige Euthanasie des Tieres. So hatte ich es dir bei Charisma auch angeraten, Anais. Entgegen aller Negativbedenken aus meiner medizinischen Sicht, hat dieses Pferd dennoch eine Fraktur überlebt. Der Fall mit Charisma ist unheimlich selten und in tierärztlicher Geschichte so kaum vorgekommen!" Das waren die Worte meines Tierarztes. Die nächsten Wochen beobachtete ich intensiv Charismas Bewegungen. Lief sie überhaupt klar? Zeigte sie Taktunreinheiten? Schien es, als habe sie Schmerzen? Nein!! Charisma war ein völlig gesundes Pferd. Zumindest äußerlich. Wer nicht wusste, welches Schicksal sie erlitten hatte, diese Stute, niemand hätte etwas bemerkt, ihr angemerkt oder angesehen. Aus einem tiefen inneren Gefühl heraus beschloss ich, das Unmögliche zu probieren. Charisma wieder anzutrainieren. Sie war steif, ungelenkig und eingerostet. Natürlich! Das waren 7 Monate Stillstehen und ihre Auswirkungen. Die ersten Longe-Arbeiten waren nicht vielversprechend. Charisma jedoch wollte arbeiten. Sie war voller Elan. Trotz ihrer 15 Jahre schien sie kein bisschen müde zu sein. Eisenhart dieses Pferd! Nach den "Longe-Tagen" folgten "Sattel auflegen" und "das Aufsitzen". Meine Reitbeteiligung, ein Fliegengewicht, übernahm die

Aufgabe. Mein Gott, welch ein Moment, dieses Pferd wieder unter dem Sattel zu sehen. Damals wischte ich mir viele Tränen der Rührung fort. Völlig ergriffen war ich. Wir alle waren das damals. Meine Pferdepflegerin, mein Freund, meine Reitbeteiligung, sogar meine damals achtjährige Tochter. Niemand konnte glauben, dass Charisma wieder geritten wurde. Sie lief klar, es waren keine Lahmheit zu erkennen. Vielleicht lief sie anfangs eirig und steif, aber sie lief im Takt absolut klar. Die verrückte Entscheidung, sie "Freispringen" zu lassen, Charisma also wieder an Hindernisse heranzuführen, war schnell getroffen. Mittlerweile wollten wir alle wissen: Was würde geschehen? Nachdem meine geschulten Augen, die immerhin 30 Jahre Reiterfahrung auf dem Schirm haben, nach den ersten Versuchen sahen, dass Charisma am Sprung nur noch wenig Qualität hatte, sie schmiss fast jedes Hindernis um, wollte ich der Stute das weitere Trainieren eigentlich ersparen. „Das hat keinen Zweck! Charisma winkelt die Vorderhand nicht mehr genügend an! Springpferd wird sie nicht mehr die Stute," sagte ich zu meiner Reitbeteiligung. Das enttäuschte Gesicht des Mädchens, das voller Hoffnung war, habe ich nie vergessen. Voller Hoffnungen, mit Charisma einmal durch den Springparcours galoppieren zu dürfen. Vielleicht schränkte Charisma der verheilte Bruch im Anwinkeln des Ellenbogens doch zu sehr ein. So waren meine Gedanken. „Lass es uns bitte weiter probieren! Bitte!" bettelte meine Reitbeteiligung. Das Mädel war damals ebenso alt wie Charisma. Ich hatte Charisma als Sportpferd abgehakt. Den Glauben verloren. Den Glauben, ein weiteres Wunder zu erleben, dass Charisma noch einmal zurück in den Sport gekommen wäre. Mein Gott, damit hätte sie Geschichte geschrieben. Wir alle hätten das getan! Und was für eine. Jedoch war es nicht eigentlich "Wunder genug", dass dieses Pferd überlebt hatte und dass es wieder laufen konnte? Gut, aus der Traum. Wir würden Charisma nicht noch einmal im Springparcours wiedersehen! Meine Reitbeteiligung ließ sich jedoch nicht von mir beirren.

„Ich habe in ein paar Wochen ein kleines Springen genannt mit Charisma!" berichtete sie mir stolz. Mit meiner Reitbeteiligung funktionierte Charisma übrigens sehr gut. Ein kleines, dünnes, eigentlich kraftloses Mädchen konnte dieses starke Pferd prima am kleinen Finger reiten. Zwischen uns untereinander hat es keinen Neid gegeben. Wir waren ein Team. Alle, die mit Charisma zu tun gehabt haben im Laufe der Zeit, Pferdepflegerin, Reiterin, ich als Besitzerin, harmonierten hervorragend und wir hielten zusammen. Wir kannten Charismas Geschichte zu genau und sind uns über dieses Wunder bewusst gewesen, welches sich uns offenbarte. Für jeden von uns ist das damals etwas sehr Kostbares gewesen, was wir mit dem Pferd zusammen erlebt hatten. Zu dem Zeitpunkt war Charisma seit einem halben Jahr wieder unter dem Sattel. Ein halbes Jahr nur. Wir fuhren hin zu diesem Turnier. „Wenn Charisma die Turnieratmosphäre spürt, dann gibt sie sich schon Mühe!" prophezeite meine Reitbeteiligung. Das Mädchen war glücklich damals, dass sie Charisma reiten durfte und dass ich es erlaubt hatte, dieses Turnier. Welches ich im Grunde genommen als eine äußerst fragwürdige Aktion betrachtete. Das Turnier lag weit abseits unseres sonstigen Teilnahmeumfeldes. Wir wählten das damals bewusst so, damit wir uns nicht blamierten. Wenn jemand gehört hätte, Pferd mit Beinbruch ging wieder ein Springturnier. Was hätte das bedeutet? Die Menschen reden seit jeher schlecht über andere Menschen. Wenn auch nur hinter vorgehaltenen Händen. Dieses dumme Gerede, das wollte ich mir einfach ersparen. Auf dem Turnier dort, wo wir hinfuhren, kannte uns niemand. Charisma beendete den Parcours an dem Tag zu meinem Erstaunen fehlerfrei. Sie war zwar nicht placiert, aber sie kam einwandfrei ins Ziel. Ich traute meinen Augen nicht, wie spielerisch Charisma durch den Stangenwald galoppierte.

Sprachlos und zutiefst berührt war ich. Welch ein großartiges Pferd diese Charisma?! Ein kleines Springen war es "nur" gewesen. Gut. Aber dass das überhaupt möglich war. Charisma wieder in einem Springen starten zu lassen und sie dieses obendrein fehlerfrei absolvierte, das fand ich unglaublich. Es war UNGLAUBLICH!! Charisma zu Ehren eröffnete ich dem Pferd eine eigene Facebookseite. Dort erzählte ich ihre Geschichte: Trotz Beinbruch zurück zum Springpferd! Die Sensation schlechthin. Das hätte eigentlich für alle Beteiligten von uns, die mit diesem Pferd damals zu tun hatten, Respekt und Anerkennung verdient gehabt. Stattdessen kamen wir auf dem nächsten Turnier direkt vom Springplatz in die Dopingkontrolle. Da hatte uns bewusst jemand angeschissen. Unvorstellbar! Pferd mit Beinbruch sprang wieder, so etwas ging nur gedopt! Noch heute, 4 Jahre später, lache ich kopfschüttelnd über die Dummheit der Menschen. Wenn du 30 Jahre lang Pferdesport machst, da hast du es nicht nötig, so eine krumme Nummer abzulegen. Immerhin hatte ich außer meinem Ruf, der aus Neid sowieso nie der Beste war, auch noch meinen Namen zu verlieren. „Springpferd mit Beinbruch gedopt!" Tolle Schlagzeile. Fanden einige meiner "Feinde" damals garantiert lustig. Sonst wären wir in diese unmögliche Situation sicherlich NICHT gekommen. Natürlich war das Ergebnis der Kontrolle negativ!! Allerdings ist der Test für Charisma damals Stress pur gewesen. Nach dem schmerzhaften Beinbruch brachte sie den Tierarzt nur noch mit direkter Gefahr und Schmerzen in Verbindung. Tierärzte ließ Charisma nicht mehr annähernd in ihre Nähe. Generell nicht mehr. Urin wollte sie damals zur Dopingkontrolle nicht absetzen, also musste ihr Blut entnommen werden. Diese unsinnige Prozedur bedeutete der Horror für uns alle. Charisma kannte bei Tierärzten kein Pardon mehr und die Angelegenheit, " mal eben" Blut zu entnehmen, wurde für uns alle sehr gefährlich! Lebensgefährlich zum Teil. Charisma biss um sich, sie stieg und schlug aus. Sie hatte Angst. Angst vor dem Schmerz.

Den hat sie nie wieder vergessen in ihrem Leben. Der Knall damals und der Bruch ihres Beines. Ein unvergessenes Trauma für die Stute. Im Zusammenhang mit ihrer Panik vor dem Tierarzt sehr gut nachvollziehbar. Trotz dass ich die Turnierleitung an dem Tag gebeten hatte, auf diese Probe zu verzichten, zum Wohle des Pferdes, wurde solange hantiert, bis man die Probe endlich hatte. Charisma war mit den Nerven an diesem Turniertag am Ende. Wir waren es auch. Schönen Gruss an dieser Stelle an die Menschen, die uns damals in die gefährliche Situation auf dem Turnier gebracht haben! Wir wurden vom Reiterverband nicht gesperrt, wie von diesen Menschen wahrscheinlich erwartet. Die Ergebnisse waren natürlich tadellos. Wir beschlossen, es der Reiterwelt noch einmal richtig zu zeigen. Zu zeigen, was mit Charisma überhaupt möglich war! Charisma fand im Laufe von eineinhalb Jahren zu ihrer alten Form zurück. Sie trug meine Reitbeteiligung durch das für sie erste L Springen direkt in die Placierung. Charisma trug meine andere Reitbeteiligung durch das für sie erste M Springen. Charisma war Programm. Charisma war Konkurrenz. Charisma war voller Ehrgeiz! Charisma, go... !!! Nachdem dieses Pferd vor meinen Augen ein recht schwieriges M Springen absolviert hatte, war ich nervlich so angeschlagen, dass ich eine ganze Nacht lang nach dem Turnier geweint habe. Aus Demut wahrscheinlich. Demut vor der Kreatur Tier. Vielleicht auch aus Fassungslosigkeit, ein Wunder erlebt zu haben.

Einmal bekam diese Wunderstute Kolik. Sie wäre beinahe daran gestorben. Sie ließ den Tierarzt ja nicht an sich heran. Die lebensnotwendige Spritze konnte er ihr nicht geben. Es war nichts zu machen. Charisma drehte an diesem Abend völlig durch. Aus Sicherheitsgründen des Tierarztes und dessen Leben, mussten wir die weiteren Versuche einer lebensnotwendigen Behandlung abbrechen. Transportfähig ist Charisma damals nicht gewesen. „Entweder sie stirbt", oder sie überlebt!" Mit diesen Worten verließ der Tierarzt uns in jener Nacht. Die ganze Nacht blieb ich bei Charisma in der Box sitzen. Ich weinte. Ich betete. Ich hoffte. Ich sprach zu Gott... „Nein! Du kannst dieses Pferd, das einen Beinbruch überlebt hat, jetzt nicht an Kolik sterben lassen!" flehte ich gen Himmel. Das wäre eine Tragödie gewesen... Das hätte ich niemals verkraftet. Charisma überlebte die Kolik. Sie erholte sich gut. Sie war schnell zurück im Sport. Sie liebte es, über die Hindernisse zu springen. Nichts tat sie lieber. Sie war ein Kämpfer! Von Anfang an war sie das. Sie hat uns allen gezeigt, dass man niemals aufgeben darf. Vor allem mir. Es gibt Wunder im Leben! Seit ich dieses Pferd kenne, glaube ich fest daran und ich weiß es heute, denn ich habe es gesehen und erlebt! Ich war dabei. Danke Charisma. Für Alles, das du mich gelehrt hast. Ich werde dich NIE vergessen!! Charisma lebt heute mit 18 Jahren in einer lieben Familie und dient als Lehrpferd für die Kinder.

Sie ist fit wie eh und jeh.. ❤

In tiefster Anerkennung.

In Liebe.

Respekt.

Achtung.

Dankbarkeit.

Demut.

Deine ~Anais~

Weitere Geschichten von Anais C. Miller

Charisma

Classic Star

Querbeet

Vergessenes Kind

Pferdeschicksale

Erotische Liebesbriefe

Nebelmond

Brief an W (Die Biografie der Anais C. Miller)

Das Buch Nebelmond ist auf Anfrage auch in der Version mit den Geschichten meiner Leser erhältlich, die über ihre verstorbenen Tiere berichtet haben. Aufgrund der vielen Bilder leider zu einem anderen Preis. Deshalb bei Interesse bitte melden!

Besucht mich auch auf Facebook

Unter @ Sorgenkind, @Charisma, @ Anais C. Miller und @Erotische Literatur Elle Voyage, @Vergessenes Kind und @Brief an W.

## Nachwort

Katrin schenkte mir einst vor vielen Jahren ein geschnitztes Stück Holz. Auf diesem war eingebrannt, "Auf ewige Freundschaft". Das Andenken besitze ich heute noch und ich erinnere mich, als wäre es gestern gewesen! Es ist uns gelungen, dieses Versprechen zu halten. Ich freue mich, dass ich ein Andenken in Form eines Buches an unsere Freundschaft bewahren kann. Pferde waren unser Leben, auch wenn Katrin später die Richtung vermehrt zu den Hunden wechselte.

*Katrin Scholz*

Bitte entschuldigt, dass die Bilder im Buch nicht die beste Qualität haben. Leider handelt es sich bei den privaten Fotos lediglich um Handyfotos!

Danke für Euer Verständnis!